Karin Küspert

*Hilfe, mein Mann ist Rentner!*

*Buchreihe: Humor*

Karin Küspert

# Hilfe, mein Mann ist Rentner!

*Wenn nichts mehr ist,
wie es mal war*

Becker

Bibliografische Information Der Deutschen Bibliothek:
Die Deutsche Bibliothek verzeichnet diese Publikation
in der Deutschen Nationalbibliografie;
detaillierte bibliografische Daten sind im Internet
über www.dnb.de abrufbar.

Verlag Hartmut Becker
Bücher zu Schlüsselfragen des Lebens
Buschhornweg 5 A
35274 Kirchhain
Tel.: (0 64 27) 93 04 55
E-Mail: verlag-hartmut-becker@t-online.de

www.verlag-hartmut-becker.de

1. Auflage 2019
2. Auflage 2020
3. Auflage 2021
4. Auflage 2022
5. Auflage 2023

© 2019 Verlag Hartmut Becker, Kirchhain
Gesamtherstellung und Lektorat:
Hartmut Becker
Umschlagbild: 123RF/Wavebreak Media Limited
Druck und Weiterverarbeitung:
Sowa Sp. z o.o., Piaseczno
Alle Rechte vorbehalten.
Gedruckt auf chlorfrei gebleichtem Papier.
Printed in Poland.

ISBN: 978-3-929480-64-1

# Inhalt

Vorwort .................................... 7

1 Der Rentnergruß ........................ 9
2 Der Einkaufswagenschieber ............. 16
3 Der Haushaltsorganisator .............. 28
4 Unterwegs in fernen Ländern ........... 41
5 Der Schwerkranke ...................... 56
6 Rentner und ihre Autos ................ 71
7 Modegeile und Modemuffel .............. 87
8 Alte Geizkragen ....................... 100
9 Medienfreaks .......................... 115
10 Vereinsmeier ......................... 129
11 Sportskanonen ........................ 141
12 Enkel oder Hund? ..................... 150
13 Senioren-Zweisamkeit ................. 164

Zu guter Letzt ........................... 178

# *Vorwort*

Liebe Leserin, lieber Leser,

das Altwerden hat sich in den letzten zwei bis drei Jahrzehnten gewaltig geändert. Die Rentner und Pensionäre der neuen Generation auch. Die jetzigen Senioren sind anders als die noch vor 30 Jahren. Die heutige Generation 60+ ist in der Regel aktiver, finanzkräftiger und präsenter als jemals zuvor. Sie nimmt in vollen Zügen am Leben teil und beeinflusst es in allen Richtungen. Trotzdem oder gerade deshalb hat die neue Rentnergeneration auch ihre schrulligen Seiten ...

Heinz und Gerd sind Freunde. Ihre Ehefrauen sind Freundinnen fürs Leben. Man trifft sich regelmäßig, debattiert, streitet und feiert miteinander. Nun gehen beide Männer gleichzeitig in den Ruhestand, verdientermaßen und noch fit. Der eine geht in Rente, der andere in Pension. Und ab sofort ist nichts mehr so wie früher, denn beide sind nun auf der Suche nach einer Neustrukturierung ihres Lebens. Sehr zum Leidwesen der beiden Frauen. Denn die dauerhafte Präsenz der beiden unausgelasteten Ehegatten im Haus bedeutet auch ein ganz anderes Mit- und Nebeneinander – zum Beispiel wenn die Männer sich auf der Suche nach neuen Aufgaben jetzt in alle bisherigen Domänen der Gattinnen einmischen.

Manchmal allerdings liefern die kraftvollen Neurentner dabei auch eine Lachnummer nach der anderen, worüber sich die Frauen königlich amüsieren können.

Ich wünsche Ihnen viel Spaß beim Lesen!

*Karin Küspert*

# 1

## *Der Rentnergruß*

Kennen Sie den deutschen Rentnergruß? Nein? Doch, bestimmt! Sie haben ihn sicher schon 100-mal gehört. Und wahrscheinlich haben Sie schon darüber geschmunzelt oder sich sogar schon das eine oder andere Mal geärgert. Er lautet kurz und knapp: »Hab keine Zeit!« Zwei, die diese Botschaft mit Hingabe ausleben und ständig lauthals in die Welt hinausposaunen, sind Gerd und Heinz – zwei typisch deutsche Alltagshelden der heutigen Generation 60+.

Es ist exakt zehn Minuten nach fünf am Nachmittag. Freitag, immer freitags, im Sommer wie im Winter. Bei Sonne, Regen, Nebel oder Schnee. Immer.
Ausnahme: Urlaubszeit, dreimal im Jahr für je zwei Wochen. Sonderausnahme: Karfreitag oder wenn Heiligabend oder der Tag der Einheit zufällig auf einen Freitag fällt. Dann wird die Zeremonie um einen Tag nach hinten oder vorne verschoben, jedoch niemals aufgehoben. Die Prozedur ist heilig. Aber das mit den Feiertagen passiert ja nur alle paar Jahre einmal. Gott sei Dank. Es kommt in ihrem Leben wohl nicht mehr so oft vor. Sie sind schließlich schon im Rentenalter: Gerd und Heinz, Heinz und Gerd – »Senioren«, wie sie respektvoll genannt werden wollen.
Was da so unumstößlich Wichtiges passiert, immer freitags zwischen 17.00 und 18.00 Uhr? Da treffen sich die zwei mit ihren Autos an der Waschanlage einer großen Tankstelle mit

angeschlossenem Bistro. Immer freitags, genau zwischen 17.00 und 18.00 Uhr, ein paar Kilometer außerhalb der Stadt, denn da ist alles etwas billiger. Der Waschvorgang zum Beispiel. Um ganze 30 Cent! Außerdem ist der Autohof von beiden gleichermaßen leicht zu erreichen. Denn Heinz und Hilde wohnen auf dem Land, doch Gerd und Gerda kommen aus der Stadt.

Nach der geheiligten wöchentlichen Pflichtübung deutscher Musterrentner, dem Waschen des Autos, wenn also beider Autos wieder blitzen und funkeln, gibt es in der Bistrostube der Tankstelle noch ein Bierchen. Und für Heinz eine Zigarette. Eingeplant dafür sind genau 47 Minuten, nicht mehr und nicht weniger. Kostbare, genau kalkulierte Zeit, die sie sich von ihrem eng begrenzten Rentner-Zeitbudget mühsam abzwacken. Genau eingehalten auch deshalb, weil die Ehefrauen, Gerda und Hilde, daheim mit dem Abendessen warten. Pünktlichkeit ist angesagt.

Heinz und Gerd sind also nicht mehr berufstätig. Sie sind in Rente. Verdientermaßen. Und beide können als Prototypen eines deutschen Durchschnittsrentners männlichen Geschlechts in die Geschichtsbücher eingehen unter der Überschrift »Vorzeigeobjekte des Demografiewandels zu Beginn des 21. Jahrhunderts.«

Es ist Freitagabend zwischen 17.00 und 18.00 Uhr. Rushhour allenthalben. Hochbetrieb auch an der Tankstelle, in der Waschanlage und im angrenzenden Bistro. Berufspendler, die von der Wochenarbeit nach Hause fahren, füllen den leeren Tank bis auf den letzten Tropfen, um nach dem Wochenende sofort wieder durchstarten zu können. Studenten füttern ihr Auto tröpfchenweise mit Benzin, damit ihr Geld gerade noch reicht, um das alte Auto nach Hause tuckern zu lassen. Gestresste junge Mütter mit plärrenden Kleinkindern auf dem Rücksitz und Körben voller Einkäufe auf dem Beifahrersitz schieben in aller Eile ihren Wagen in die Waschanlage, weil sie es ihrem Mann am Morgen unüberlegterweise versprochen haben. Urlauber, die am frühen Nachmittag schon in den Süden aufgebrochen sind, unterbrechen die Fahrt für ein paar Minuten, weil die Frau schon wieder zur Toilette muss. Dabei nützen sie die Gelegenheit, im Eiltempo im Bistro ein paar Würstchen zu verschlingen und einige Dosen Bier für die Weiterfahrt zu bunkern. Eine Frau mittleren Alters blättert alle Klamauk-Zeitschriften und Revolverblätter durch, weil sie sich nicht entscheiden kann, welches Liebesgeflüster und Scheidungsdrama aus welchem Königshaus sie sich für das Wochenende gönnen soll.

An den Stehtischen ist kein Plätzchen mehr frei. Dafür häufen sich darauf gebrauchte Gläser und geleerte Dosen. Die Schlange der Autos, die an den Tanksäulen und Waschboxen warten, reicht bis zur Straße, und die Schlange der Zahlungswilligen vor der Kasse dehnt sich bis vor die Eingangstür aus. Der ganz normale freitägliche Wahnsinn eben!

Und mittendrin finden wir Gerd und Heinz, unsere nicht mehr berufstätigen Helden. Mitten in dem Gewühl. Weil sie ja sonst keine Zeit haben.

Da stehen sie nun in ihrer vollen Größe, Wichtigkeit und Geschäftigkeit. »Muss denn die junge Frau dort ausgerechnet am Freitagabend in die Waschanlage, wenn immer so viel los ist? Das muss sie doch wissen! Das arme Kind! Zuerst muss es mit zum Einkaufen und jetzt ewig lange im Auto sitzen! Hätte die Mutter nicht auch am Vormittag Zeit gehabt? Die arbeitet doch sicher sonst nichts. Typisch Frau!«

»Schau mal den unverschämten Kerl da hinten! Jetzt hupt der auch noch, weil der Vordermann nicht schnell genug den Sicherheitsgurt anlegt und Platz macht. Der muss doch sehen, dass es nun mal nicht schneller geht! Es ist doch Freitag!«

»Ach, du meine Güte! Der Alte an der Kasse muss jeden Cent aus dem Geldbeutel einzeln herauskramen! Kann er das

nicht ein andermal machen? Der hält doch die ganze Schlange auf!«
»Also, jetzt schlägt's aber 13! Schau bloß mal hin! Das junge Ding da hat sich schon zum zweiten Mal vorgedrängelt! Das erste Mal beim Tanken und jetzt an der Kasse. So ein raffiniertes Luder! Drängelt permanent und meint, alle anderen sind so dumm und merken es nicht!«

Heinz hat sein Bierchen ausgetrunken. »Geht auf die Schnelle noch eins? Oder müssen wir schon weiter?« – »Nein, nein, geh nur und hol dir noch ein Glas! Wir haben doch Zeit!« Auf einmal. »Aber pass auf: Wenn du so tust, als würdest du vom Klo kommen, kannst du dich elegant gleich vorn in die Schlange vor der Theke hineinmogeln. Das merkt vermutlich keiner, und du bist sofort dran! Das kostet weniger Zeit!«

Tatsächlich. Heinz schafft es, sich so geschickt vorzudrängeln, dass er drei Leute hinter sich lässt. Siegessicher kommt er mit seinem Bierchen zu Gerd zurück. »Bin schon wieder da. Ist doch schneller gegangen, als ich befürchtet hatte.« – »Na siehste! Genieß dein Bier! Wir haben doch alle Zeit der Welt.« Ach ja?

Deshalb fahren Gerd und Heinz ja auch ausgerechnet zur Stoßzeit am Freitag in die Waschanlage und stellen sich schimpfend und fluchend in die Autoschlange. Der Zeitpunkt: unaufschiebbar, unverzichtbar, unversäumbar!

Ganz genauso verhält es sich mit der Terminierung des Rasenmähens. Zumindest bei Heinz. Gerd hat Gott sei Dank keinen Garten. Denn auch für Gartenarbeit entwickeln Rentner in der Regel ein Supergespür, was perfektes Timing angeht. Pünktlich um 13.00 Uhr schmeißt Heinz seine Krachorgel von Rasenmäher an und donnert damit durch seinen Vorgarten. Aber beileibe nicht am Montag oder Mittwoch. Nein, am Samstag. Immer. Dann, wenn alle Berufstätigen in seiner unmittelbaren Nachbarschaft zum verdienten Wochenendschläfchen ansetzen wollen. Kommt dann der Herbst, erscheint Heinz mit dem Laubsauger. Es geht eben immer nur am Samstag bei ihm! Rituale helfen nun mal, die Zeit zu strukturieren.

»Hab keine Zeit!« Diesen Rentnergruß demonstrieren die meisten Rentner im täglichen Leben mit aller Nachdrücklichkeit. Egal, ob an der Tankstelle, am Skilift, beim Arzt oder im Supermarkt. Stets vermitteln sie den Eindruck, als müssten sie in der nächsten Stunde noch Wände einreißen oder einen Millionenabschluss tätigen.

Wenn sie nicht die Ersten sind, drängeln sie sich vor, wo immer es geht. Kaum einer von ihnen lässt an der Supermarktkasse mal einer jungen Mutter mit Kleinkind oder einem gestressten Neuvater mit Kind den Vortritt. »Wo kämen wir denn da hin? Gleiches Recht für alle! Außerdem haben die jungen Leute ja keine Ahnung, was wir Rentner alles zu erledigen haben!«

Heinz schimpft sich offiziell »Rentner«, Gerd »Pensionär«. Heinz war bei einem Handwerker beschäftigt und wohnt in einem Dorf; Gerd war Angestellter in einer Bank und lebt in der Stadt. Beide waren in ihrem Beruf tüchtig und haben bis zum verdienten Eintritt in das Rentenalter ihren Mann gestanden. Nun sind sie also beide Rentner, pardon, »Rentner und Pensionist«. Auf den Unterschied legt zumindest Gerd kolossalen Wert – wobei es unter dem Strich im Endeffekt auf das Gleiche hinausläuft. Beide sind raus aus dem Berufsalltag. Vornehm ausgedrückt, werden sie heutzutage betitelt als »Senioren«. Ganz ehrlich: In früheren Zeiten gab es dafür einen allgemein verständlichen Sammelbegriff: »Alte«. Jeder wusste damit etwas anzufangen. Aber das Wort will ja kein Alter mehr hören. Aus den Altenheimen sind Seniorenresidenzen geworden, und die Altenclubs nennt man nun Seniorentreffs. Eigentlich völliger Unfug, diese Wortneuschöpfungen – werden die Senioren dadurch ja trotzdem nicht jünger. Auch Heinz nicht und auch Gerd nicht. Und unter welchem Titel sie nun durch die Welt laufen, ist doch wirklich egal. Reine Makulatur und Augenwischerei!

Das Verhalten dieser Generation männlichen Geschlechts – 60+ oder 65+ oder noch älter plus – scheint ganz unter dem Motto »Zeit ist Geld« zu stehen. Wieder so ein Unfug. Denn ihr Geld kommt so oder so. Schließlich haben sie schon am Morgen, noch vor dem Aufstehen, ihre ersten Euros für den Tag verdient. Das Hauptproblem liegt ganz woanders: »Was mache ich mit meiner Zeit?« Die Stunden am Arbeitsplatz werden ja jetzt ersetzt durch freie Zeit. Eben durch nichts! Und damit kann man Stunden nicht füllen.

Nichtstun sind die Alten nicht gewohnt. Schließlich haben diese wackeren Senioren bis vor Kurzem noch beruflich die halbe Welt regiert. Ein ganzes Leben lang. Und nun ist da plötzlich ein Loch!

Das will wieder gestopft werden. Mit irgendwelchen ganz unaufschiebbaren und ach so wichtigen Aufgaben. Mit irgendwelchen Zeittotschlägern. Hauptsache, sie fühlen sich wie früher dringend gebraucht und völlig unabkömmlich. Und sie können wie früher jammern, dass sie ja nie fertig werden.

Fast jeder Rentner mutiert deswegen irgendwann einmal zu Heinerle Wichtig. »Was treibst du denn so den ganzen Tag?« – »Ob du es glaubst oder nicht, ich hab so viel zu tun, dass ich nie fertig werde. Seit ich daheim bin, hab ich überhaupt keine Zeit mehr!« Jammer, jammer, jammer!

Manche unserer pensionierten Zeitgenossen tun dabei gerade so, als müssten sie beim Herrgott beantragen, dass ihr Tag statt 24 Stunden mindestens 48 Stunden haben müsste, um mit ihren Aufgaben fertig zu werden. Nicht einmal Zeit zum

Altwerden nehmen sie sich – Gerd nicht und Heinz auch nicht.

Dabei entwickeln die meisten Rentner so etwas wie Veranstaltungssucht. Im Kalender wird groß angestrichen, wann das nächste Highlight des Jahres stattfindet. Die Weihnachtsfeier des Seniorenclubs, die Kaffeefahrt des Siedlervereins oder die Jahreshauptversammlung der Feuerwehr zum Beispiel. Danach richtet sich nun ihr Jahresplan. Sie entwickeln geradezu eine panische Angst davor, an solch einem einschneidenden Ereignis nicht teilnehmen zu können. Kein Event darf verpasst werden. Aktivismus pur ist angesagt! Verbissene Eventheischerei, Freizeitstress als Ersatz für Berufsstress.

Zugegeben: Heinz hat noch eine elementare Aufgabe im Leben zu erfüllen: Er hilft seiner Frau beim Hüten der Enkel. Stundenweise zumindest. Und wenn er Lust hat. Aber dabei kommt er sich jedes Mal kolossal wichtig und überfordert vor, obwohl seine Frau alle Aufgaben diesbezüglich ganz alleine stemmt.

Dieser Kelch geht an Gerd gänzlich vorbei. Er hat keine Enkel, aber dafür einen Hund, Blacky. Und der fordert ihn in einer Weise, dass es fast über seine Grenzen geht. Aber davon später mehr.

Ja, sie müssen einem in der Seele leidtun, diese total gestressten Rentner. Was wird ihnen nicht alles aufgebürdet!

# 2

## *Der Einkaufswagenschieber*

»Gerd, hierher! Wir brauchen für morgen noch eine Dose Kraut. Vorsicht! Pass doch auf, wo du hinfährst! Jetzt hättest du beinahe den Stapel mit den Maggisaucen umgeworfen!«

Die Saucen waren im Sonderangebot für diese Woche und natürlich geschickt auf dem Gang zwischen zwei Regalen platziert. Gerda war bereits verächtlich daran vorbeigerauscht, waren ihr, als gesundheitsbewusster Köchin, die Maggisaucen doch viel zu ungesund. Dass die Leute so was immer wieder kaufen!

Gerd setzt ganz vorsichtig Schritt vor Schritt und bugsiert seinen noch fast leeren Einkaufswagen wie einen wertvollen Kinderwagen in die Gasse mit den Konserven, wo sein geliebtes Eheweib Gerda schon auf ihn wartet. Bis zum Kraut. Folgsam lädt er eine Dose Blaukraut in seinen Wagen.

»Sauerkraut! Sauerkraut brauchen wir!« Schon ist seine bessere Hälfte wie ein strafender Blitz zur Stelle, befördert die Dose Blaukraut mit verächtlichem Kopfschütteln wieder in das Regal und stellt stattdessen eine Dose Sauerkraut in den Einkaufswagen. Mit einem tiefen Seufzer und einem tadelnden Blick auf ihren Ehemann. Dann ist sie schon wieder enteilt, und ihr Gerd trottet mitsamt dem Wagen erneut ergeben und unauffällig hinter ihr her.

Ein Rentnerehepaar beim Einkauf. Gerd und Gerda. Es könnten auch Heinz und Hilde sein. Bleibt sich gleich. Fast jedenfalls.

Kennen Sie das Szenario? Täglich zu bestaunen in nahezu jedem Supermarkt. Zumindest, wo es Lebensmittel gibt. Frauen laufen geschäftig zwischen den Regalen herum, mit Einkaufszetteln oder Handys in der Hand und der Brille auf der Nase die Preise studierend. Hinter ihnen her tapsen im Zeitlupentempo ihre meist nicht gerade intelligent blickenden männlichen Ehehälften älteren Datums, geduldig vor sich einen Einkaufswagen balancierend. Von Zeit zu Zeit bleiben sie stehen, um auf allerhöchstes Geheiß hin das ein oder andere geforderte Gut einzuladen.

Die Errungenschaften der Frau werden generalstabsmäßig in den Wagen geschichtet und immer wieder umsortiert, je nach Gemengelage. Wo kämen wir denn hin, wenn in so einem Wagen alles wie Kraut und Rüben durcheinander läge! Natürlich wird jedes noch so kleine Teilchen vor dem Einladen erst einmal kritisch begutachtet und gar manches wieder in das Regal zurückgelegt, weil man es nach der geschätzten Meinung des Einkaufswagensteuerers überhaupt nicht braucht. Das Meiste allerdings wird nur dann zurückgestellt, wenn die tonangebende weibliche Hälfte gerade mal nicht hinschaut oder schon in einer anderen Gasse verschwunden ist.

Daheim angekommen, wird diese dann feststellen, dass sie wohl auch älter wird und ihr Gedächtnis anscheinend nachlässt, weil sie ausgerechnet das Paniermehl vergessen hat, das sie für das Schnitzel am Abend gebraucht hätte.

Genau umgekehrt verhält es sich allerdings in der Abteilung für Süßigkeiten. Sie ist das Seniorenparadies schlechthin. Nicht Kinder stehen etwa mit großen Augen vor den Regalen mit Chips, Schokolade und Nüssen. Nein, es sind zur Überraschung ihrer besseren Hälften meist ältere Herren, die sehnsuchtsvoll auf die Verlockungen blicken und ihnen gar oft erliegen. Mögen sie nun Heinz heißen oder Gerd, mögen sie auf dem Dorf wohnen oder in der Stadt, ein Einkauf im Supermarkt ohne Naschwerk geht doch gar nicht! Eine Ausrede dafür haben sie auch parat. Schließlich sind sie in einer Zeit aufgewachsen, als Süßes noch Mangelware und höchstens zu besonderen Festen erlaubt war. Und jetzt, wo sie es sich leisten können, dürfen sie ja wohl das Versäumte nachholen! Außerdem haben sie ja gerade die weltbewegende Aufgabe, den Einkaufswagen mit den Schätzen der Frau unbeschadet zur Kasse zu jonglieren und dann den Inhalt unbeschadet ins Auto einzusortieren. Das ist schon eine Belohnung wert!

Also sackt Gerd von der Feinschmelzschokolade ganz flink drei Tafeln ein und deponiert sie so unter den sauren Gurken, dass sie seine sonst so aufmerksame Gerda erst auf dem Fließband an der Kasse entdeckt und dann schlecht wieder zurücktragen kann.

Besonders effektiv ist diese Zeremonie, wenn die Frau eine Freundin trifft und zu einem kleinen Schwätzchen ansetzt. Dann kann der sonst so gestrenge Herr Gemahl schnell mal eine Flasche Cognac zwischen die Milchdosen schmuggeln.

Rentneralltag im Supermarkt. Gerd und Heinz passen haargenau in diese Schablone solcher Einkaufswagenschieber. Typische Durchschnittsrentner – pardon, Senioren –, die ihre Zeit damit totschlagen, dass sie ihren Frauen bei den Einkäufen »helfen«, sprich: sie kontrollieren und nerven.

Besonders Gerd hat sich zum großen Einkaufscontroller gemausert, seit er in Pension gegangen ist. Hat er während seines Berufslebens in der Bank über Jahrzehnte Konten und Geldflüsse der Kunden genau im Blick gehabt, so überwacht er jetzt akribisch die Vorratshaltung seiner Frau.

Schon vor der Fahrt in den Supermarkt wird der Vorratsschrank genauestens inspiziert und dabei jedes Mal festgestellt, dass sie eigentlich gar nichts bräuchten, weil dieser noch prall gefüllt sei. So seien noch drei Gläser Marmelade da. Also müsse man die Marmelade erst einmal aufbrauchen. Den Hinweis der bisher allein regierenden Hausfrau, dass man mit Marmelade keinen Schweinebraten brutzeln könne, wischt Gerd mit einer Handbewegung weg. Auf das Gemurmel seiner Ehefrau, dass sie Mehl brauche, setzt er zu einem Vortrag an, dass noch ein komplettes Päckchen vorhanden sei und sie doch bitte erst dies verbrauchen solle. Der logischen Erklärung, dass es für den Kuchen am Sonntag nicht reiche, folgt die Belehrung, dass Mehl auch nicht besser werde, wenn man es so lange aufhebe.

Dieser Lehrstunde setzt Gerd dann auf dem Fuß noch eine Rüge obendrauf, dergestalt, dass die Vorratshaltung in diesem Haushalt ohnehin völlig chaotisch sei, weil ja die Hälfte der Lebensmittel schon nahe am Verfallsdatum seien oder dies schon längst überschritten hätten. »Dein Vorratskeller ist ja ein Museum!« Besonders das Salz sei schon längst am Vergammeln.

Doch nun läuft auch Gerda zu ihrer Höchstform auf. Salz! Ob er sich nicht daran erinnere, dass sie beim letzten Urlaub in Griechenland ganze Salzberge besichtigt hätten. Jahrhundertelang liege da das Salz, und so was soll schlecht werden, nur weil es drei Wochen im Keller liege? Und überhaupt: Gerdas Großmutter hatte Eingekochtes und Eingewecktes im Keller, das schon fünf Jahre alt war. Und das hat die ganze Familie gegessen, und niemand sei daran gestorben. »Früher hat es so einen Unfug wie das Haltbarkeitsdatum überhaupt nicht gegeben! Da hat man sich auf die Erfahrung und die Nase der Hausfrau verlassen! Das war allemal gesünder als das mit Chemie aufgemotzte Zeug von heute.«

Das Ergebnis dieser sich vierzehntäglich haargenau so wiederholenden Einkaufsvorgeschichte ist stets ein beleidigter Ehemann mit Leichenbittermiene, der sich allerdings trotzdem nicht davon abhalten lässt, mit zum Einkaufen zu fahren, sehr zum Kummer seiner Ehefrau Gerda. Aber der Zeitverbrauch war eben in seinen Tagesablauf ganz fest eingeplant.

Während also Gerda bei jeder sich bietenden Gelegenheit heimlich einkauft und ihre Gewürze und Gläser und Dosen wie eine Diebin ins Haus trägt und hinter Tassen und Töpfen versteckt, verhält es sich bei Heinz und Hilde in solchen Fällen eher umgekehrt. Hier geht es beim Kauf von Lebensmitteln etwas anders zu. Hilde muss sich mit Händen und Füßen sträuben, wenn ihren Heinz die Einkaufswut packt. Sein sehnlichst erwartetes Highlight der Woche ist die allwöchentliche Einkauftour zu ALDI. Geradezu süchtig wartet er am Ende der Woche jedes Mal auf den neuen Prospekt mit den Superangeboten – und nun wird angekreuzt, was es in der nächsten Woche so für Schnäppchen gibt. Und am Montag gleich in der Frühe geht es dann los – Richtung ALDI. Ganz früh, damit einem ja nicht ein anderer das letzte Schnäppchen vor der Nase wegrafft. Dann kauft Heinz ein – alles, was angeblich zu einem Sonderpreis zu haben ist, und alles, was angepriesen wird, ob man es nun braucht oder nicht.

Im Kofferraum finden sich dann auf der Heimfahrt zum Beispiel Socken und Kaffee, Batterien und Butter, Salatgurken, Gefrierdosen, Salami und eine Gartenschere. Alles kunterbunt durcheinander. Völlig konzeptlos, völlig am momentanen Bedarf vorbei. Da liegen das 20. und 21. Paar Socken und die fünfte Gartenschere. Schaut man in seinen Einkaufswagen, möchte man meinen, der dritte Weltkrieg stehe unmittelbar bevor und Heinz sei auf seiner letzten Hamsterfahrt gewesen.

Besonders anfällig ist Heinz, wenn mit großen Lettern angekündigt wird, dass »nur am heutigen Tag« ein Produkt um ganz viele Prozentpunkte günstiger zu erwerben ist oder wenn auf einem Schild steht: »Solange der Vorrat reicht.« Da kann es dann schon mal passieren, dass Heinz mit einer ganzen Palette bayerisch-süßem Senf an der Kasse antanzt – mit 20 Gläsern an der Zahl. Ungeachtet der Tatsache, dass zu Hause im Keller noch ein Dutzend Senfgläser auf Weißwürste wartet, weil Heinz das gar nicht gerne isst.

Hilde sagt meistens nichts dazu, weil sie nicht vor jedem Einkauf ihren überfüllten Vorratskeller durchforstet und somit auch nicht genau weiß, wie der aktuelle Stand ihrer Vorräte momentan gerade ist.

Nur auf die Milch passt sie in letzter Zeit genau auf. Hatte Heinz doch unlängst zwei Kisten Milch angeschleppt mit je zwölf Tüten, nur weil sie im Sonderangebot zu bekommen waren. Natürlich hatte er nicht auf das Verfallsdatum geachtet, und so kam die böse Überraschung, als die beiden dreimal nacheinander den Frühstückskaffee wegschütten mussten, weil sie ihn mit verdorbener Milch aromatisiert hatten.

Nicht ganz so tragisch war die Sache mit dem Klopapier. Da kann man ja wenig falsch machen. Nur die Heimfahrt vom Supermarkt entpuppte sich zugegebenermaßen als etwas problematisch. Heinz hatte nämlich so viele Pakete von supergünstigem Klopapier eingesackt, dass sowohl der Kofferraum als auch die Rückbank des Autos für den Transport nicht ausreichten. So musste Hilde die 20 Kilometer lange Fahrt nach Hause mit Klopapier auf dem Schoß – gewissermaßen darunter begraben – überstehen. Allerdings war danach für zwei Jahre das Thema Klopapier bei Heinz und Hilde durch.

Hilde tut sich schwer, die Logik zu verstehen, die hinter dem Einkaufsverhalten ihres Mannes steht. Sie kann nicht einsehen, wieso er extra 60 Kilometer mit dem Auto fährt, nur um ein bestimmtes Brot zu holen, das es in der Bäckerei nebenan so ähnlich auch gibt, oder gar 100 Kilometer bis zu einem bestimmten Metzger, weil die Bratwürste dort angeblich billiger sind. Sie hat nie kapiert, wo hier die Ersparnis liegen könnte.

Kostet das Benzin nichts? Aber Hilde hat aufgehört, mit Heinz darüber zu diskutieren, fallen die Themen Auto, Benzin und Benzinkosten doch in eine Kategorie, in der sie nach Meinung ihres geschätzten Gatten eh nicht mitreden kann. Und da Heinz ansonsten ein verträglicher Zeitgenosse ist, lässt sie ihm dieses Vergnügen. Solange das Budget reicht. Aber da passt Hilde genau auf, schließlich besitzt sie die Oberhoheit über die Finanzen der Familie.

Brot und Brötchen in jeglicher Form fallen von jeher in den Aufgabenbereich von Heinz. Schon als er noch berufstätig war, war der Kauf von frischen Brötchen am Samstag seine heilige Pflicht, ein Sakrileg gewissermaßen. Diese kolossale Aufgabe hat er auch ins Rentnerdasein hinübergerettet. Nur fährt er jetzt nicht mehr mit dem Auto, sondern geht zu Fuß. Immer mit einer Stofftasche bewaffnet. Selbige schwenkt er dann siegesgewiss durch das kleine Örtchen nach Hause, als hätte er nicht vier Brötchen, sondern eine Weihnachtsgans erworben.

Ganz in seinem Element ist Heinz auch, wenn im Frühjahr oder Sommer an allen Ecken Früchte zum Selberpflücken angeboten werden. Erdbeeren, Kirschen oder Himbeeren. Da erwacht in ihm der Urtrieb der Vorvorvorväter, der letzten Sammler und Jäger des Universums. Da werden dann die größten Behältnisse mit Früchten aller Art gefüllt, zu Hilde nach Hause geschleppt und türmen sich dann in der Küche.

»Schau mal, Schatz, jetzt kannst du prima Marmelade kochen und Früchte einwecken oder sie einfrieren!« Und Hilde schnauft, zieht sich ergeben eine Schürze an und verkneift sich den Hinweis auf die zwei Dutzend gefüllten Marmeladengläser des letzten und vorletzten Jahres, die noch unberührt im Keller lagern, weil Heinz zum Frühstück lieber zu Wurst und Käse als zu der ach so gesunden Marmelade greift.

Und sie allein kann doch schließlich die Fülle der süßen Aufstriche auch nicht vertilgen.

Im Herbst wiederholt sich dieses Spiel dann mit Pilzen. Heinz schleppt Körbe voll Champignons, Pfifferlingen und Steinpilzen an, und Hilde putzt und putzt und putzt. Essen will die Pilze niemand so gern.»Die sind ja noch von Tschernobyl belastet!« Also werden sie zunächst eingefroren, um beim nächstfälligen Check der Gefriertruhe entsorgt zu werden.

Das höchste Einkaufsglück aber, das Heinz in geradezu euphorische Stimmung versetzt, ist der Besuch eines Baumarkts. Seit er in Rente ist und Zeit hat, kennt er sie alle, die ganze Palette der Baumarktketten: Profi, Bauhaus, Hagebau, Obi und Co. Natürlich weiß er in- und auswendig, in welchem Gang und in welchen Regalen was zu finden ist. Und trotzdem hält er sich stundenlang in solchen Etablissements auf. Da wandert er im Zeitlupentempo durch die Gänge, seine Augen leuchten wie bei Kindern vorm Weihnachtsbaum beim Anblick der tausenderlei Sorten von Schrauben, verzinkt und in Edelstahl, und sein Herz geht über bei der Entdeckung der neuesten Modelle von Ordnungsboxen für das Sammeln von Nägeln, Schrauben und Bilderhaken jeglicher Größe und Qualität.

Da Heinz stets wie durch reinen Zufall Gleichgesinnte trifft, kann er daselbst zudem mit voller Energie endlos fachsimpeln über die augenscheinlichen oder vermeintlichen Vor- und Nachteile von Handbohrern oder Schnellklebern, als hinge der Fortbestand der Welt davon ab.

Der neue Kreuzschlitzschraubenzieher zum Beispiel könnte in der Lage sein, eine Weltrevolution auszulösen. Selbstverständlich verlässt er so einen Tempel der Lust nie, ohne ein Maschinchen mitgenommen zu haben. Zu Hause stellt er dann fest, dass er genau so etwas schon besitzt, dass die neueste Errungenschaft nur das vierte Nachfolgemodell ist und dass sich nur mal wieder die Farbe geändert hat. Tja, der Handbohrer hat jetzt tatsächlich einen roten Griff, keinen grünen mehr. Auf diese Weise kauft sich Heinz im Laufe seines Rentnerdaseins eine ganze Werkstatt zusammen. Eine Werkstatt, die sowohl einer professionellen Schlosser-, Installateur- als auch Schreinerwerkstatt zur Ehre gereichen würde.

Schuldbewusst schwört er sich im Stillen nach jedem Baumarktbesuch, dass er sich das nächste Mal zu keinem Einkauf verführen lassen würde. Es sei denn, es gäbe etwas völlig Neues. Eigentlich fehle ihm ja trotzdem noch so viel zum vollkommenen Glück. Eine Fliesenschneidemaschine zum Beispiel. Er weiß zwar nicht, wofür er die je würde gebrauchen können, aber man kann ja nie wissen. Und dann versteckt Heinz die neueste Errungenschaft vor Hilde irgendwo in seinem Wust von Gerätschaften in seiner Hobbywerkstatt.

Großzügig ist Heinz natürlich auch beim Einkauf von Geschenken für seine Frau Hilde. Auch hier kauft er stets en gros. Schürzen zum Beispiel. In allen Farben und Größen. Einen ganzen Schrank voll hat Hilde schon davon. Sie überlegt sich mittlerweile ganz genau, irgendwelche Wünsche auszusprechen. Denn sonst düst ihr Heinz sofort los und schleppt zum nächsten Weihnachtsfest das Gewünschte prompt inflationär an. Wie einst die Butterdosen. Einen Ersatz hatte sich Hilde gewünscht, weil sie ihre Butterdose zerbrochen hatte. Zum Geburtstag bekam sie dann gleich sechs Stück, von denen aber nur zwei wirklich sinnvoll zu gebrauchen waren.

»Hilde! Hilde!« Der Lockruf von Heinz schallt immer lauter werdend vom Keller aus durch das ganze Haus. »Hilde! Was brauchen wir für Getränke? Ich fahre jetzt zum Getränkemarkt!«

»Schau halt selber nach, was wir noch haben!«
»Da sind nur noch drei Flaschen Pils und zwei Flaschen Wasser!«
»Na, dann hol halt beides!«
»Du meinst Bier und Wasser?«
Hilde schneidet eine Grimasse. Gut, dass ihr Ehemann ihr Gesicht im Moment nicht sieht. So flötet sie, sanftmütig in der Stimme und genervt im Innern: »Ja, bitte!«
»Wenn aber Gerd am Wochenende vorbeischaut, dann will er doch immer alkoholfreies Bier!«
Schon nicht mehr ganz so säuselnd kommt es von Hilde: »Auch einen Kasten!«
»Einen ganzen?«
»Ist doch egal!!«
»Und was ist mit Apfelsaft? Wenn Gerda mitkommt? Oder trinkt sie lieber Orangensaft?«
Hilde ist mittlerweile einem Nervenzusammenbruch nahe. Doch dann besinnt sie sich im letzten Moment. Um des lieben Friedens willen. Die hohe Kunst des Getränkebesorgens wird ihren Mann Gott sei dank wieder für einige Stunden beschäftigen. Zeit, die sie an diesem Donnerstagvormittag ganz für sich haben wird. Also geht sie noch einmal in das Treppenhaus und ruft relativ freundlich in den Keller: »Dann bring halt einen halben Kasten mit Apfelsaft und einen halben mit Orangensaft! Das hält sich doch!«
Heinz zieht los. Geschafft.

Gerd trinkt in der Tat meist nur alkoholfreies Bier. Jeden Abend eine Flasche, mehr nicht. Der Arzt hatte ihm das vor Jahren wegen einer leichten Herzattacke geraten. Daran hält er sich streng. Also wird bei ihm das Bier im Gegensatz zu Heinz nur flaschenweise nach Hause getragen. Es könnte ja sonst vorzeitig verderben. Was das Einkaufen und die Vorratshaltung angeht, versteht Gerd keinen Spaß. Da offenbart sich ganz die Ernsthaftigkeit seines Charakters. Es sei denn, er wird von seiner Frau alle heilige Zeit einmal alleine zum Metzger geschickt. Da erkennt man ihn kaum wieder, denn er tritt als Charmeur der alten Schule auf und geht voll in die Charmeoffensive. Großzügig, großherzig, liebenswert vom Scheitel bis zur Sohle. Schließlich kennt man ihn ja in der Metzgerei und bei den Verkäuferinnen gut. Also beste Gelegenheit, sein Image als Gentleman aufzupolieren.

Eine ältere Dame gleichen Alters aus der Nachbarschaft steht hinter ihm an der Theke. »Frau Schneider, Sie dürfen ruhig vor! Verlangen Sie nur! Sie haben mehr zu tun als ich!«

Das überraschte Lächeln der ganz und gar nicht gut aussehenden Frau beflügelt Gerd vollends. Als er schließlich an der Reihe ist, flirtet er postwendend weiter. Nun mit der jungen Verkäuferin. »Ja, was nehme ich denn gleich? Das sieht ja alles so verlockend aus!«

Weil der Verkäuferin aber sichtlich egal ist, was der alte Mann an Wurst will, setzt Gerd noch nach: »Da nehmen wir halt von all den Städten etwas. Hahaha! Von der Göttinger und der Braunschweiger und von der Lyoner!«

Die Verkäuferin sieht ihn ziemlich verständnislos an, grinst aber pflichtbewusst und fragt höflich nach: »Je 100 Gramm?«

»Das machen Sie mal so, schöne Frau!« Gerd legt den Kopf schief und lächelt bis zu den Ohren. Die Verkäuferin agiert, und prompt werden es bei der Göttinger 120 Gramm, bei der Braunschweiger ebenfalls und bei der Lyoner gar 150 Gramm, die die geschulte Verkäuferin auf die Waage legt. Darauf getrimmt, lieber mehr als weniger zu verkaufen, konfrontiert sie ihr älteres, aber durchaus berechenbares Opfer jedes Mal mit dem stereotypen Satz: »Darf es etwas mehr sein?« Und selbstverständlich geht die Rechnung dreimal auf.

»Na klar! – Selbstverständlich! – Kein Problem!« Gerd sprüht geradezu voller Charme. Weggewischt sind mit einem Mal alle Vorwürfe, die sich Gerda immer wieder anhören muss, wenn sie seiner Meinung nach wieder zu viel in der Wursttüte hat. Ein klein wenig enttäuscht ist er allerdings, wenn bei seinem Einkauf die kostenlose Zugabe etwas geringer ausfällt als bei seiner Gattin. Denn die Treueprämie in Form einer Knackwurst war eben fest in den Haushaltsplan einkalkuliert. Irgendwie verletzt ihn das, wenn sie in der Einkaufstüte fehlt. Ist er doch wirklich mehr als charmant gewesen!

# 3

## *Der Haushaltsorganisator*

Es war einmal eine Frau. Sie hieß Gerda. Sie hatte jahrzehntelang ihren Haushalt im Griff. Ganz allein. Die Wohnung war nicht verdreckt, keiner in der Familie verhungerte, niemand hatte schmutzige oder löchrige Kleidung an, und die Schuhe waren geputzt ... 30 oder 40 Jahre lang. Dann ging ihr Mann in Pension. Und nichts war mehr wie bisher – denn jetzt wurde alles optimiert ...

»30 Jahre lang hab ich den Stall hier ausgemistet, und es hat all die Jahre funktioniert! Deinen 50. und deinen 60. Geburtstag hab ich allein organisiert. Bei der Konfirmation der Kinder hast du mir keine einzige Stunde geholfen.« Gerda hat Tränen in den Augen. Tränen vor Wut und Tränen vor Enttäuschung. »Die Häppchen zu deiner Verabschiedung an deinem letzten Arbeitstag hab ich ganz allein geschmiert und belegt. Ab früh um 5.00 Uhr! Und alle waren begeistert. Und jetzt mach ich auf einmal alles falsch!« Gerda steht mit hochrotem Kopf in der Tür zur Küche.

Gerd schaut sie mit großen Augen verwundert an. »Aber ich will dir doch nur helfen!«

»Kritisieren und meckern tust du. Sonst nichts. Seit du nicht mehr berufstätig bist. Seit du nur noch daheim bist. Nichts kann ich dir mehr recht machen!«

»Aber das stimmt doch gar nicht! Ich will dich doch nur darauf aufmerksam machen, dass man vieles einfacher machen kann. Schau mal, man kann doch die Energie viel effektiver ausnutzen, wenn man den Topf ganz exakt auf die Herdplatte setzt!« Und schon schiebt Gerd den Topf mit dem Schweinebraten so lange auf dem Herd hin und her, bis er wie mit dem Lineal fixiert millimetergenau auf der Herdplatte bündig steht.

Gerda hält es nicht mehr aus. Sie knallt die Küchentür zu, schließt sich im Bad ein und lässt den Tränen freien Lauf. Mittlerweile sind es nur noch Tränen kolossaler Wut.

Wie war es doch schön, als Gerd noch jeden Morgen in seine Bank zum Arbeiten ging! Da konnte sie zu Hause schalten und walten, wie sie wollte. Nach Lust und Laune und in Ruhe. Könnte man doch die Zeit zurückdrehen! Seit Gerd in Pension ist, scheint er wie besessen zu sein, ihren Hausstand neu organisieren zu wollen. »Optimieren« nennt er das. Gerda bezeichnet es als machomäßige Machtdemonstration. Als ob man es im Alter noch nötig hätte, wie auf dem Hühnerhof eine Rangordnung zu erkämpfen!

Begonnen hatte es damit, dass Gerd schon in der ersten Woche seines Pensionistendaseins mehr oder weniger aus heiterem Himmel heraus versucht hatte, die Küche umzuräumen. Dummerweise hatte Gerda in einem lockeren Gespräch beiläufig eingeworfen, dass Küchen im Allgemeinen – und ihre im Besonderen – immer zu klein seien. Das nahm ihr Gerd am anderen Tag sofort zum Anlass, Platz ich der Küche zu schaffen. Als Gerda von einer Nachmittagsdamenrunde zurückkam, hatte er ganze Arbeit geleistet. Das gesamte Porzellan hatte er in einem Schrankfach so ineinander gestapelt und zusammengepfercht, dass man erst einmal das gesamte Geschirr wieder ausräumen musste, wollte man auch nur eine Kaffeetasse hervorfischen. Die Töpfe, die bisher praktischerweise neben dem Herd in einem unteren Schubfach untergebracht waren, hatte er mitsamt Pfannen nach oben verfrachtet, sodass Gerda, die viel kleiner als ihr Mann war, auf einen

Schemel steigen musste, um sie zu erreichen. Dafür hatte er in den nun freien Schub die Küchengeräte eingeräumt, die ihn schon lange störten, weil sie so viel Platz auf der Theke einnahmen. Die Brotschneidemaschine zum Beispiel. Weil aber alle Geräte nicht in das Schubfach passten, wurden der Elektroquirl und der Toaster gleich ganz in den Keller verfrachtet. Wenn man sie alle paar Tage einmal braucht – so seine Argumentation –, kann man sie ja auch mal holen. Auch die Anzahl der Schüsseln dünnte er aus. Wieso so viele? Eine von jeder Größe reicht doch nun wirklich!

Gerda traf fast der Schlag, als sie die Bescherung sah. Was folgte, war einer ihrer größten und längsten Ehekräche in immerhin fast 40 Jahren. Zwar durfte Gerda danach ihre alte Ordnung wiederherstellen (Entschuldigung des treusorgenden Ehemanns: »Ich hab doch nicht daran gedacht, dass du so klein bist!«), doch ab sofort wachte Gerd mit Argusaugen über einen korrekten Ablauf im Küchengeschehen. Er kontrollierte permanent, ob alle Herdplatten pünktlich zurück- oder ausgeschaltet wurden und ob für die Geschirrspülmaschine das richtige Programm gewählt wurde. Auch der Kühlschrank wurde peinlich genau überwacht, damit ja kein Jogurt übersehen wurde, und die Schale mit dem Obst wurde vorsorglich jeden Tag umgeschichtet.

Kaum hatte Gerda den Fuß in die Küche gesetzt, schon war er da. Dann stand er hinter ihr wie Zerberus (der Höllenhund) persönlich. Andauernd. Dabei hielt er natürlich mit tausenderlei gut gemeinten Ratschlägen nicht hinterm Berg. Jeder zweite Satz begann mit einem mitleidigen »Schau mal ...«. Dann reichte er seiner Frau ein größeres oder kleineres Messer hin oder einen anderen, seiner Meinung nach idealen Topfdeckel, immer in Erwartung der freudigen Antwort »Danke, ich hab ja noch gar nicht gewusst, dass dieses Messer besser schneidet« oder »Ach ja, ich hab ja ganz vergessen, dass ich diesen

Deckel auch noch habe. Gott sei Dank ist es dir noch im richtigen Moment eingefallen.«

Anfangs versuchte Gerda zu erklären und zu begründen, wieso sie ausgerechnet dieses und nicht jenes Messer verwenden wollte. Doch nach zig neuerlichen Versuchen ihres Mannes, sie vom Gegenteil zu überzeugen, hörte sie einfach nicht mehr hin. Sie versuchte es zumindest heroisch.

Zwischendurch hatte sie auf den gut gemeinten Rat einer Freundin hin versucht, Gerd an der Küchenarbeit zu beteiligen. Sie bat ihn zum Beispiel, die Zwiebeln für den Wurstsalat zu würfeln, nichtsahnend, dass Gerd daraus eine Doktorarbeit machen würde. Wie groß denn die Würfelchen sein müssten, wollte er wissen, welche Zwiebel er denn nehmen müsse, auf welchen Teller er das Geschnittene denn legen solle und so weiter.

Dann probierte er sämtliche Schneidebretter und Messer durch, um festzustellen, dass sie allesamt nichts taugen würden. Der Abwaschberg häufte sich.

Als sich die nun gebrauchten Hilfsmittel auf der Theke stapelten, fiel ihm der glorreiche Gedanke ein, dass es in Gerdas Haushalt doch sicher auch eine Maschine gebe, die diese leidliche Arbeit übernehmen könnte. Er ging auf die Suche, fand aber zum Glück nichts, das seinen Ansprüchen in ausreichender Weise entsprochen hätte. In dieser Zeit, die er für die Bearbeitungsversuche einer einzigen Zwiebel benötigte, hätte Gerda mit Leichtigkeit 20 Zwiebeln geschält, geschnitten und gedünstet, und das ohne den voluminösen Abwasch an Brettern und Messern, den er fabriziert hatte.

Beim Abendessen – Freunde waren zu Besuch – verkündete er dann tatsächlich mit ernster Miene, dass das Essen an diesem Tag nur so gut munde, weil er seiner Frau geholfen und mit gekocht habe.

Eine Arbeit allerdings macht er mittlerweile ganz allein und fast perfekt: Er räumt die Geschirrspülmaschine selbstständig ein. Das ist allerdings das Ergebnis eines weiteren großen Ehezwistes. Als Gerd das x-te Mal die Maschine wieder ausräumte oder umräumte, weil sie seiner Meinung nach von Gerda völlig falsch eingeräumt war, platzte der guten Frau der Kragen. Seitdem rührt sie nicht mehr an diesem an und für sich segensreichen Gerät, und Gerd wäscht auch ganz tapfer den ein oder anderen Topf per Hand aus, falls dafür kein Platz mehr in der Maschine ist.

Putzen ist ohnehin eine der neuen Leidenschaften des frischgebackenen Pensionärs. Kocht Gerda, so läuft er ihr permanent mit dem Küchenlappen oder einem Küchentuch hinterher und wischt sofort jeden Fettspritzer weg. »Schau mal, wenn man das gleich wegputzt, dann geht es viel einfacher!« Bei dieser Fummelei steht er allerdings meistens geschickt im Weg herum, und Gerda muss ständig um ihn herumtanzen. Aber wehe, sie macht ihn darauf aufmerksam! Dann ist wieder ein Hühnchen zertreten.

Eine weitere Aufgabe im Haushalt, der sich Gerd mit Hingabe widmet, ist das Staubsaugen. Da der Staubsauger etwas mit Technik zu tun hat, ist er als Mann natürlich wesentlich mehr prädestiniert dafür als seine in technischer Hinsicht weniger beleckte Frau. Außerdem weiß er ganz genau, wie ein Teppich gesaugt werden muss: mit dem Strich und nicht dagegen. Und ja nicht mit Bürste! Das hat er zumindest aus dem Fernsehen so erfahren. »Schau mal, sonst gehen ja die Fransen raus!« Mehr hört Gerda schon nicht mehr.

Alle paar Wochen schleppt Gerd immer neue Putzutensilien an, die das Saubermachen von ganz allein bewerkstelligen, glaubt man der findigen Reklame. Mikrofasertücher aus neuestem Material für die Gläser, Putztücher in allen Variationen für die Spiegel, Auswringhilfen für die Bodentücher, Spezialsalz für den Herd und so weiter. Ganz besonders am Herzen liegen ihm die Fenster. Wasserschaber mit und ohne Stiel, Sprays gegen Verschmutzung: Die Putzecke im Haus ist gerammelt voll mit allem möglichen Krimskrams. Die allerneueste Errungenschaft ist ein selbstfahrendes Kreiseltöpfchen, das über die Scheiben rutscht und das Fensterputzen komplett ersetzt. Und all diese Gerätschaften sind natürlich mit ellenlangen Gebrauchsanleitungen bestückt, die er Gerda dann in allen Einzelheiten vorliest und erklärt.

Aber statt einer strahlenden Ehefrau hinterlassen solche Eskapaden, für ihn unverständlich, nur erneut eine frustrierte bessere Hälfte. Soll er sie doch in Ruhe und in Frieden ihre Fenster und Böden sauber machen lassen! Sie weiß schon, wie sie es haben will und wie es geht!

Besonders begeistert ist Gerda vor allem dann, wenn er bestimmte Feste dazu missbraucht, ihr eines dieser neumodischen Küchen- oder Putzgeräte zu schenken – aufwendig eingepackt und mit einer roten Schleife versehen. Selbst zum Muttertag, obwohl sie leider nie Mutter war.

Aber um des lieben Friedens willen schenkt sie ihm dafür ein ganz liebevolles Lächeln, weiß sie doch genau, dass sie die ominösen Gerätschaften gar nicht benutzen muss. Das erledigt ja ohnehin ihr Gerd. Und wenn nicht – irgendwann verschwinden die Teile sowieso wieder auf geheimnisvolle Weise.

Früher hat sich Gerda oft gewünscht, dass ihr Mann ihr eine Antwort auf die Frage gegeben hätte: »Was soll ich denn morgen kochen?« Nie hatte er seine Wünsche geäußert und ihr bei der Entscheidung geholfen. Nur wenn es ihm nicht geschmeckt hat, dann hat er gemeckert.

Jetzt ist es umgekehrt. Jetzt meckert er bereits bei der Auswahl der Gerichte, die Gerda für den Mittag oder Abend vorschlägt. Die Diskussionen um den Speiseplan nehmen mittlerweile den größten Raum der Gespräche zwischen Gerd und Gerda ein. Meistens gibt Gerda irgendwann nach, weil es ihr letztlich egal ist, ob sie Kartoffeln oder Nudeln oder Reis als Beilage kochen muss.

Schmeckt es dann aber doch nicht ganz so wie erwartet oder passt die Speisenkombination, die ihr häuslicher Gourmet ausgesucht hat, doch nicht so recht, dann ist die Kreation trotzdem einmalig und spitze und wird von ihm über den Eichel-Ober gelobt.

Im Freundeskreis gibt sich Gerd seit Pensionsbeginn als Experte in Sachen Kochen aus. »Also, das Schweinefleisch muss schon vor dem Braten leicht gesalzen werden. Wir geben auch immer etwas Pfeffer hinzu.« Ach was!

Gerda tröstet sich nur damit, dass wohl alle Männer jenseits der Berufslebensgrenze solche besserwisserischen Anwandlungen in puncto Kochen zeigen, nicht nur Gerd. Das beweist ihrer Meinung nach vor allem die Geringschätzung, die sie dieser Tätigkeit zuordnen.

Irgendwann saßen sie im Freundeskreis zusammen. Fünf Ehepaare, alle Männer »out of business«, wie so ein Gescheithaferle meinte. Da kam durch Zufall die Sprache auf Reibekuchen. Aber es waren nicht die Frauen, die über die beste Zusammensetzung des Teiges philosophierten, nein, es waren die Männer.

»Am besten ist es, wenn man ein Ei in den Teig gibt«, warf einer der Herren in die Runde und eröffnete damit den Reigen der Klugscheißerei.

»Auf keinen Fall! In das Originalrezept kommt nie im Leben ein Ei hinein!«

»Also, bei uns zu Hause schon!«

»Dann macht ihr es eben falsch!«

»Papperlapapp, schon daheim bei meiner Mutter kam ein Ei rein!«

»Na ja, ihr hattet ja auch Hühner, da wusstet ihr vielleicht nicht, wohin mit den Eiern.«

»So ein Schmarren, ob Ei oder nicht, auf das Fett kommt es an.«

»Aber da nimmt man doch heutzutage Öl!«
»Damit sie nach nichts schmecken? Knusprig müssen sie sein! Das ist die Hauptsache!«
»Meine Mutter hat immer gemeint ...«
Es wurde lauter und lauter am Tisch, bis plötzlich das Thema abrupt beendet wurde. Unter dem Tisch hatte nämlich plötzlich eine heftige Aktivität stattgefunden in Form von Tritten an die Schienbeine der jeweiligen Angetrauten.

Gerds Schulmeisterei zieht sich quer durch den ganzen Haushalt. Unlängst bat er Gerda ins Badezimmer: »Du, Schatz, schau mal, wir machen jetzt mal einen Handtuchaufhängekurs.«
Gerda schossen die Fragezeichen aus den Augen. Doch da hatte ihr angetrauter Besserwisser schon ein großes Badehandtuch in den Händen und demonstrierte ihr tatsächlich voller Ernsthaftigkeit, wie man das Handtuch ordentlich auf den Heizkörper legt, damit es von allen Seiten gleichzeitig wieder trocken wird.

Seit seiner Pensionierung verspürt Gerd auch den unwiderstehlichen Drang, alles aufzuschreiben, was er so im Alter an neuen Erfahrungen macht. Getreu dem Motto »Was man schwarz auf weiß besitzt, kann man getrost nach Hause tragen«.
Aber wofür eigentlich? Er hat weder Kinder noch Enkel. Wen sollte es in ein paar Jahren interessieren, ob seiner Meinung nach an den Schweinebraten Majoran muss oder nicht? Wer wird seine täglich akribisch aufgeschriebenen Wetteraufzeichnungen noch einmal lesen? Aber Katalogisieren, Auseinanderklamüsern und Sortieren, das liegt ihm nun mal im Blut. Das kommt wohl von der langjährigen immer gleichen Tätigkeit in der Bank. Da galt er als standhafter Erbsenzähler, was dort allerdings anerkannt wurde und sogar erwünscht war.

Nun überträgt er diese hohe Kunst auf den Haushalt, auf die Küche, auf den Kleiderschrank und auch auf Gerda. Dass er die Unterhosen jetzt in verschiedenen Stapeln sortiert, geht ja noch an. Je nachdem, ob sie schwarz oder weiß sind, ob sie einen Beinanschnitt haben oder nicht, ob sie für den Sommer oder Winter besser taugen, bekommen sie in der Schublade einen korrekten Platz zugewiesen.

Kurios wurde es allerdings, als er an einem grauen Regentag damit begann, seine Pullover in Kategorien einzuteilen. Nicht nur nach Sommer und Winter. Nein, er sortierte nach »neu«, »weniger getragen«, »viel getragen«, »verbraucht«, »runder Kragen«, »V-Ausschnitt«, »Rollkragen«, »mit und ohne Brusttasche«, »mit und ohne Bund«, »werktagsgeeignet« und »sonntagstauglich«. Jedem Pulli wurde eine Note zugeteilt, und das Plus oder Minus dahinter verriet den Grad der Wärme, die ein Pullover abgeben konnte. Dreimal plus hieß zum Beispiel: geeignet bis minus 20 Grad. Jedes dieser Oberteile wurde auf diese Weise korrekt erfasst und auf einem DIN-A4-Blatt aufgelistet.

Als er jedoch anfing, dahinter jeweils die Farbe dazuzuschreiben, zum Beispiel »hellblau« oder »taubenblau«, wurde er in seiner überaus sinnvollen Tätigkeit jäh durch ein schallendes Lachen gestört. Es war Gerda, die hinter ihm stand und ihn schon eine ganze Weile kopfschüttelnd beobachtet hatte. »Ja, geht's noch? Du hast doch Augen im Kopf! Demnächst nummerierst du noch die Kugeln für den Weihnachtsbaum!«

Nach diesem Heiterkeitsausbruch Gerdas zog Gerd beleidigt von dannen. Die Liste der Pullover aber blieb wie durch Zauberhand verschwunden und wurde nie wieder gesichtet.

Auch Heinz organisiert pünktlich seit dem Eintritt in das Rentenalter den Hausstand neu. Darin unterscheidet er sich nicht im Geringsten von seinem Freund Gerd. Dies scheint wohl eine angesagte typische Eigenschaft der jetzigen männlichen Generation 60+ zu sein. Allerdings gibt Heinz nicht so schnell auf wie Gerd.

Er versucht zum Beispiel sein Glück bei der Umorganisation der Küche immer wieder aufs Neue. Dabei gibt er sich alle erdenkliche Mühe, seine Frau in stundenlangen, nicht enden wollenden Diskussionen und mit hunderterlei Argumenten zu überzeugen, wieso es viel geschickter sei, wenn die Kaffeemaschine links vom Fenster und nicht rechts davon stehe. In solchen Stunden bringt er Hilde geradezu zur Weißglut. Ist sie doch Rechtshänderin und ihr Mann Linkshänder. Aber diesen Unterschied in der Handhabung der Kaffeemaschine lässt er nicht gelten, und die Diskussion beginnt von vorne.

Vor allem aber fing Heinz mit dem Eintritt in das Rentenalter an, im Haus herumzustöbern. Auf dem Dachboden, im Keller, im Gartenhaus, in den Kleiderschränken, im Schreibtisch und so weiter. Dabei stellte er dann regelmäßig fest, dass mindestens die Hälfte aller Sachen, die da ein ruhiges Dasein fristeten, völlig nutzlos waren und nie mehr gebraucht würden. Also begann er auszumisten und wegzuwerfen – begleitet von lautstarkem Gemecker über die jahrelange Unordnung seiner besseren Hälfte. »Wird höchste Zeit, dass mal Ordnung in diesen Saustall kommt!«

Da er sich zuständig für die Müllentsorgung im Haus fühlte, füllte er ab sofort alle Tonnen bis zum Rand mit Utensilien aller Art, die seiner Meinung nach völlig überflüssig waren. Alte Kinderbücher verschwanden in der Papiertonne genauso wie Wollreste und Blumentöpfe im Restmüll. Und als Hilde ihre wunderbar duftenden und verzierten Weihnachtsplätzchen in ihre Blechdosen füllen wollte, war keine einzige davon mehr da. Sie musste fahren und neue kaufen. Ihr Mann hatte sie in seinem Entsorgungswahn irgendwann in die Mülltonne befördert.

Schlimm wirkte sich sein Ordnungsfimmel allerdings aus, als es einmal Unstimmigkeiten bei der Berechnung seiner Rente gab. Zur Klärung benötigte er alte Unterlagen aus den Anfangszeiten seines Berufslebens. Die waren jedoch spurlos verschwunden. Auch dieser Ordner, von Hilde akribisch sortiert, war nämlich irgendwann in der Papiertonne gelandet, und es bedurfte vieler Briefe und Mühen, die alten Vorgänge wieder zusammenzutragen.

Eines Tages machte sich Heinz am Schuhschrank zu schaffen. Bei Hilde schrillten die Alarmglocken. Aber sie machte ausnahmsweise gute Miene zum Spiel, war es doch tatsächlich wieder einmal an der Zeit, Schuhe auszusortieren. Und warum sollte sie sich nicht dabei helfen lassen? Also holte sie einen großen Müllsack, und gemeinsam mit Heinz füllte sie diesen mit alten Schuhen. Am nächsten Tag verfrachtete Heinz den Sack zu einer Schuhsammelstelle des Roten Kreuzes.

Dann kam der Sonntag. Hilde zog ihr neues schickes Kostüm an. Doch als sie die dazu passenden Schuhe – noch kein einziges Mal getragen – aus dem Schrank holen wollte, waren sie verschwunden. Im Eifer des Gefechts hatte Hilde nicht bemerkt, dass sie ihr Heinz wohl auch einem wohltätigen Zweck zugeführt hatte.

Als Gerda im Frühjahr darauf beim Frühstück nebenbei erwähnte, dass sie vormittags die Winterstiefel wegräumen würde und Heinz sofort antwortete »Da helfe ich dir!«, reagierte Hilde allerdings blitzschnell: »Ach nein, mir fällt gerade ein, dass wir heute unbedingt zum Wurstkaufen fahren müssen!«

Der Kühlschrank war zwar proppenvoll mit allerlei Wurstsorten, aber Hilde fiel im Moment nichts Besseres ein, Heinz vom Schuhesortieren abzuhalten. Die Stiefel konnte sie ja irgendwann wegräumen, wenn er nicht in ihrer Nähe war.

Aufs Kochen lässt sich Heinz allerdings nicht ein. Seiner althergebrachten Rollenvorstellung nach ist das die alleinige Aufgabe der Hausfrau. Mehr als Spiegeleier bringt er nicht zustande. Er bemüht sich auch nicht darum. Schon mit dem Öl hat er seine liebe Not. »Welche Flasche muss ich denn jetzt für die Eier nehmen? Kannst du denn nicht mal draufschreiben, welches Öl für den Salat und welches zum Braten ist?«
Dafür ist er relativ unkompliziert, was den Speiseplan betrifft. Ihm genügt schon ein Brathering mit Butterbrot zum kulinarischen Glücklichsein. Da muss man nur aufpassen, dass er den Hering nicht mitsamt Dose verschlingt.

Dafür aber lädt Heinz seine Hilde häufig zum Essen ein – in sein Stammlokal, wo es Lammbraten gibt. Den mag Hilde nämlich nicht. Also kocht sie ihn auch nicht. Den kann Heinz nur in der Gastwirtschaft essen. Aber dafür darf sich seine Hilde auch aussuchen, was sie will. Ganz nach Lust und Laune, ganz ohne Vorschrift. Und sie genießt es!

In einem Punkt sind sich Heinz und Gerd aber einig: Die Hausfrau unserer Zeit kann dank der modernen Technik und der teuren Küchenmaschinen die Küchen- und Haushaltsarbeit mit dem linken kleinen Finger so nebenbei erledigen. Das zeigte sich am Beispiel der Waschmaschine. Kurz, nachdem beide in Rente gegangen waren, entdeckten sie die Waschmaschine als Refugium für sich. Nur auf ganz unterschiedliche Weise.
Gerd kam eines Tages froh gelaunt und bestens gestimmt zu seiner holden Ehefrau und verkündete gönnerhaft: »Mein Schatz, ich hab ja jetzt so viel Zeit. Da könnte doch ich das Wäschewaschen übernehmen! Mit der neuen Waschmaschine ist das doch ein Kinderspiel!«
Gerda traute ihren Ohren nicht, hegte aber die stille Hoffnung, dass eine neue Aufgabe ihrem Gerd nicht schaden

könnte. Doch wie staunte sie, als sie einige Stunden später vom Einkauf zurück kam: Zwar hatte ihr Ehemann Wäsche gewaschen – aber nur seine eigene! Kein einziges Wäschestück von ihr war mit Wasser in Berührung gekommen!

Ganz anders, dafür aber wesentlich dramatischer, lief die Waschwut bei Heinz ab. Er stopfte alles, was er an Schmutzwäsche auftreiben konnte, wahllos auf einmal in eine einzige Trommel der Maschine. Ein gesticktes Tischtuch, seine weiße Schießer-Unterwäsche, Hildes blauen Pullover und ein halbes Dutzend schwarzer Socken. Dann schaltete er auf Kochwäsche, 95 Grad. Damit alles einmal gründlich gereinigt wird.

Das Ergebnis war sehenswert. Die weißen Wäscheteile hatten alle möglichen Farben von rosa bis hellgrau angenommen. Vor allem die Unterhosen von Heinz schimmerten jetzt in einem zarten Pinkton. Hildes Pullover durfte zwar seine Farbe behalten, war dafür aber um geschätzte sechs Nummern kleiner, und die Socken von Heinz waren nur noch Filzknäuel.

Das Gute an dieser Aktion war allerdings, dass Hilde nun gleich zwei neue Pullover bekam, zum Ausgleich gewissermaßen. Das Schlechte war, dass Heinz ihr nie mehr beim Waschen zur Hand ging. Tapfer und ohne Kommentar trug er auch wochenlang die babyzart gefärbten Unterhosen, bis sich Hilde erbarmte und sie entsorgte.

# 4

## *Unterwegs in fernen Ländern*

Südtirol wäre leer, gewissermaßen ein weißer Fleck auf der Landkarte, gäbe es die deutschen Rentner nicht. Solche wie Heinz und seine Frau Hilde. Und die gibt es haufenweise. Besonders Exemplare wie Heinz.
Südtirol. Da war er schon immer. 25 oder 30 Jahre immer wieder Urlaub in Südtirol. Derselbe Ort, dasselbe Quartier, dieselbe Stammkneipe, dieselben Wege. Da kennt er sich aus. Da fühlt er sich zu Hause. Da ist es am schönsten auf der ganzen Welt. Das Wetter, die Berge, das Essen – unübertroffen! Da gibt es alles, was sein Herz begehrt. Er braucht nichts anderes zu sehen. (Hat er auch noch nicht.) Das weiß er auch so. Punkt.

Mit solchen Aussagen kann Heinz seinen Freund Gerd schier zum Wahnsinn bringen. Eines der ganz wenigen Themen, bei dem sich die beiden bis auf das Messer streiten können. Denn Gerd geht im Gegensatz zu Heinz gern auf große Reisen, sieht sich die Welt an und gibt sich als Global Player, als Weltenbummler. »Nach Meran kann ich auch noch, wenn ich steinalt bin! Wenn es sein muss, mit dem Rollator!«
Gerda, seine Frau, muss mit in die Welt hinaus, auch wenn sie am liebsten zu Hause bliebe. Schon wegen der Blumen auf dem Balkon und der dauernden Suche nach einem Mitbringsel für die Nachbarin, weil diese ja die ganze Gießerei übernehmen muss. Und natürlich wegen ihres Hundes Blacky.

Der Abschiedsschmerz tut jedes Mal höllisch weh, auch wenn es nur für Wochen ist. Deshalb reizt sie nicht einmal Meran. Nichts reizt sie. Aber sie hat keine Chance. Gerd studiert wochen- und monatelang vor einer Reise sämtliche Urlaubskataloge, die er in die Finger bekommt, und recherchiert nächtelang im Internet, bis er wieder ein günstiges Angebot für einen Urlaubsflug ergattert hat. Und los geht's!

Heinz dagegen, den schon allein die Angst vor dem Fliegen von weiten Reisen abhält, kontert jedes Mal leicht angesäuert: »Ich hab dir schon tausendmal gesagt: Hätte der Herrgott gewollt, dass ich fliege, hätte er mich anders konstruiert und mir Flügel gegeben.«

Diese Aussage bringt Gerd vollends auf die Palme. »Und nach Südtirol läufst du, oder? Hast du plötzlich Räder unter den Beinen?«

Gerd sieht sich selbst gern als Vielflieger. Wenn auch nur bei den Ferienfliegern. Natürlich bei TUI. Da besitzt er sogar irgendeine Mitgliedskarte. Fliegt er doch pro Jahr gleich zweimal in den Urlaub! Mit der Karte hat er ja so viele Vorteile! Gerd kommt jedes Mal ins Schwärmen, wenn er diese angeblichen Vorteile alle einzeln aufzählt. Er trägt die Karte ständig im Geldbeutel mit sich herum und zieht sie gelegentlich auch mal zufälligerweise an der falschen Stelle vor bestimmten Personen. Bei der Bank zum Beispiel. »Ach, das ist ja meine Flugkarte. Moment bitte ...«

Und wie er das Fliegen mittlerweile beherrscht! Professionell klatscht er nach jeder Landung begeistert in die Hände und sieht pikiert auf seine Sitznachbarin, die keinen Finger rührt. »Das war doch eine perfekte Landung, finden Sie nicht?«

Die Dame neben ihm lächelt ihn spöttisch an. »Klatschen Sie eigentlich auch, wenn der Zug von München nach Freimann fährt und dort nicht in den Bahnhof knallt?«

»Aber das ist doch etwas ganz anderes!« Gerd dreht der ungebildeten Frau den Rücken zu. Die hat doch keine Ahnung!

Natürlich ist das Fliegen für Gerd immer wieder etwas ganz Besonderes, auch wenn es nur von München nach Mallorca geht, lange zwei Stunden. Mit aller gebotenen Ernsthaftigkeit werden jedes Mal die Sicherheitsvorkehrungen studiert, und selbstverständlich hilft er auch den Stewardessen bei deren Aufgaben, indem er die unerfahrenen Mitreisenden um sich herum sofort penetrant darauf hinweist, dass sie vor der Landung den Gurt anlegen und die Sitzlehnen gerade stellen müssen.

Oberste Pflicht auf einer so langen Reise ist es für Gerd auch stets, einen Tomatensaft zu trinken. Auf kaum einer Getränkekarte in einem deutschen Lokal ist so ein seltsames Getränk zu finden. Nur im Flugzeug. Da muss Gerd, gewissermaßen als Flugprofi, so etwas bestellen. Das macht man so. Damit kann man schon äußerlich demonstrieren, dass das Fliegen für einen gewissermaßen zum Alltag gehört.

Und wehe, Kinder in der Nähe bleiben nicht ruhig sitzen oder stoßen gar mit ihren Füßen an seine Rückenlehne. Das kann überhaupt nicht sein! Eigentlich haben Kinder in einem Flugzeug ja sowieso nichts verloren! Und wenn schon, dann müssen sie sich gefälligst an die strengen Regeln halten. Die unfähigen Eltern in der Reihe hinter ihm werden sofort mit geringschätzigen Blicken bestraft. Diese unvernünftige Elterngeneration mit ihren verwöhnten Fratzen heutzutage! So etwas hätte es bei ihm nicht gegeben! Seinen Kindern und Enkeln – die er allerdings nicht hat – hätte er das Wunderbare, aber auch die Ernsthaftigkeit des Fliegens schon beigebracht!

Das von Gerd am häufigsten anvisierte Ziel ist, wie bereits erwähnt, selbstverständlich Mallorca. Schon der Sprache wegen, denn man spricht dort überall Deutsch. Auch wenn er dies Heinz gegenüber nicht zugibt. »Spanisch ist doch kinderleicht!«, meint er. (Gerd spricht bereits »fließend« Spanisch: »Buenos días« und »Buenas noches«. Auch wenn er »guten Morgen« und »gute Nacht« permanent verwechselt.) Insgeheim aber ist er froh, wenn er weiß, was er sich zum Essen bestellen soll, weil die Speisekarte auch in Deutsch abgefasst ist. Für solche Exemplare wie Gerd.

Nun ist er also auf Mallorca. Oder auf Kreta. Oder sogar in Ägypten. Sofort werden die Koffer ausgepackt und die Hemden im Schrank aufgehängt, damit die Kofferknitter verschwinden und die Klamotten bis zum ersten Schaulaufen am Abend praktisch wie frisch geplättet aussehen. Die 300 Euro Bargeld samt Visacard, Flugtickets und Gerdas falscher Perlenkette werden im Tresor verstaut. Man kann ja nie wissen! Was hat man in der Welt schon alles an Schlechtigkeiten gehört!

Anschließend findet sofort ein Klamottenwechsel statt. Runter mit den langen Hosen, rein in die kurzen Shorts. Damit die blassen Beine endlich Luft kriegen. Die festen Schuhe werden gegen Sandalen getauscht, aber die Socken lässt Gerd an. Hellbraun, bis kurz vor die Waden hochgezogen. Er könnte sich ja sonst an den Riemchen der Sandalen Blasen holen. Ein tiefer Seufzer: Endlich entspricht er nun den altbekannten Klischees eines deutschen Urlaubers im Süden. Gerd ist angekommen. Im Urlaub.

Während Heinz seit einem Vierteljahrhundert in Südtirol immer das gleiche Quartier anpeilt (er hat sogar schon einen Treuepreis der Gemeinde in Form einer Flasche Südtiroler Muckefuckweins gewonnen), bucht Gerd jedes Jahr ein anderes Hotel. Drei bis vier Sterne natürlich. Seinem Stand gemäß. Keine Luxusnobelherberge, aber seinem Geschmack nach entsprechend stilvoll oder was er dafür hält. Zentral gelegen, aber vor allem ruhig. Wegen der strapazierten Nerven, versteht sich.

Ruhig hat es auch Heinz in seiner Südtiroler Pension mit Familienanschluss. Er duzt sich mit der Hauswirtin und ist jedes Mal überglücklich, wenn sie ihn zur Begrüßung an ihren überdimensionalen Bauch und Busen drückt. Zum Frühstück serviert sie ihm persönlich jeden Morgen zwei Spiegeleier mit Speck, grobe, vor Fett triefende Leberwurst vom Landmetzger und die beste Marmelade der Welt, von ihr selbst eingekocht. Der Kaffee duftet durch das ganze Haus, die Brötchen sind knusprig, und die Welt ist für Heinz im Lot.

Für Gerd dagegen beginnt der Tag bereits spätestens kurz nach 6.00 Uhr in der Frühe mit Stress. Da sieht man ihn nämlich noch vor dem Zähneputzen, vorsichtig nach links und rechts spähend, um nicht entdeckt zu werden, an den Pool oder Strand hetzen, bepackt mit Handtüchern und Büchern. Liegen besetzen ist angesagt! Der Deutschen liebster Urlaubssport. Gerd ist dabei ein Prototyp. Schließlich will man ja den besten Liegeplatz für die schönsten Tage des Jahres ergattern. Drei Meter von der Palme und sieben Meter vom Pool entfernt. Mit Meeresblick. Und ja nicht neben einer Dusche. Das spritzt immer so.

Pünktlich um 8.00 Uhr eilt er dann zum Frühstück mit Selbstbedienung. Die zweite Schlacht des Tages, die Schlacht am Frühstücksbuffet, beginnt. Er drängelt, schubst und schiebt gemäß dem Motto »Hoppla, jetzt komm ich!«.

Dann lädt er seinen Teller erst mal randvoll mit Rührei, ungefähr aus vier Eiern gemacht, und pflanzt darauf einige Scheiben gebratenen Speck. Beim zweiten Gang häufelt er dann verschiedene Wurstsorten und Käse auf einen Teller, und in einem Schüsselchen bunkert er Quark, Jogurt und Obst. Das Gourmet-Frühstücksfest ist perfekt!

Damit er auch wirklich genügend Vitamine verpasst bekommt, schüttet er das erste Glas Orangensaft gleich an der Zapfstelle in sich hinein, damit er sich selbiges gleich noch einmal vollschenken kann. Die Schlange der anderen Miturlauber, die auf ihn warten, tangiert ihn in keinster Weise. Er hat ja schließlich eine Stange Geld für den Urlaub bezahlt, und das muss sich doch irgendwie auszahlen. Die Parole heißt: »Essen und trinken, was das Zeug hält!« Und was der Magen mitmacht. Erlaubt er sich und seiner Frau zu Hause morgens nur einen Klecks Butter und ein Scheibchen Wurst, das der Größe des Brotes angepasst ist, so werden jetzt alle Gesundheitsregeln über Bord geworfen. Kalorien? Nie davon gehört! Zur Gewissensberuhigung verzichtet Gerd immerhin auf schöne frische Brötchen und greift stattdessen gesundheitsbewusst zu Vollkornbrot. Was nichts daran ändert, dass er sich nach drei Tellern Kalorienflut und fünf Tassen Kaffee wie vollgestopft vom Frühstückstisch erhebt.

Seine Frau Gerda hat ihm kurz zuvor noch seine Tabletten fürs Herz und gegen den überhöhten Cholesterinspiegel auf den Tellerrand geschoben, die er widerwillig unter Protest hinunterwürgt. »Ich bin im Urlaub, da brauch ich keine Tabletten!«

Kein Wunder, dass Gerd für den Rest des Tages nichts mehr zwischen die Zähne kriegt. Er ist bis zum Abend pappsatt. Ganz zum Leidwesen seiner besseren Hälfte Gerda, die am frühen Morgen keine solche Essensorgie verträgt und dann wie gewohnt am Mittag Hungergefühle entwickelt. Doch da schaltet Gerd auf stur: »Hättest du nur heute früh mehr gegessen! War doch genug da!«

Beim Abendessen dann das gleiche Lied. Gerd hat mittlerweile wieder Hunger. Und er isst. Nein, Gerd isst nicht, er frisst! Das Buffet wird gnadenlos geplündert.

Gerd bucht mit Begeisterung Hotels, die Essen in Buffetform offerieren. Da kann er dann nicht nur essen, was er will, sondern vor allem, wie viel er will. Rausgesucht werden nur die Speisen, die seiner Meinung nach am teuersten sind – wie Roastbeef oder Lachs. Und alles durcheinander. »Gerda, iss was Gescheites! Daheim können wir dann wieder Marmelade essen! Aber hier musst du zum Lachs greifen!« Dazu lässt er jeden zweiten Abend einen seiner jahrelang bekannten Urlaubswitze los: »Gerda, heute Abend lad ich dich zum Essen ein. Vorspeise, Hauptspeise und Nachspeise. Was du willst! Greif zu! Hahaha!«

Hat er sich vollgestopft, wird ein Verdauungsschnaps hinterhergeschüttet. »Man gönnt sich ja sonst nichts.« Ein Hoch auf so einen erfahrenen Urlaubsmagen, im Leben Gerds wunderbar gereift!

Einzig Kinder können den Genuss seiner Völlerei stören, wenn diese nämlich unqualifiziert in Schüsseln rühren oder den letzten Karamellpudding vor seiner Nase vom Nachspeisenbuffet ergattern.

Doch nicht nur Gerds Frau Gerda stöhnt über so viel Unvernunft ihres Gatten, auch die Frau von Heinz ist mit dessen Urlaubs-Essverhalten keineswegs einverstanden. Heinz verzichtet nämlich zumindest in den ersten Urlaubstagen nicht auf ein Mittagessen. Im Gegenteil. In den ersten Tagen des Urlaubs stopft er sich mit Tiroler Speckknödeln oder gar Haxen voll und trinkt dazu schon mal zwei Gläser Bier. Um seine angetraute Hälfte wieder milde zu stimmen, lädt er sie dann am Nachmittag zu Kaffee und Kuchen ein. Zuschauen kann er da natürlich auch nicht. So ein kleines Stück Sahnetorte oder doch wenigstens ein Eis mit Sahnehaube geht immer noch.

Am Abend schlendern die beiden dann von Lokal zu Lokal und studieren ausgiebig die ausgehängten Speisekarten. Wo gibt es was am billigsten? Haben sie sich nach drei Speisekartenrunden endlich entschieden und ein genehmes Lokal gefunden, bestellen sie sich aber gerade mal eine halbe Portion, eine Seniorenportion. Das schont nicht nur den überfüllten Bauch, sondern vor allem den Geldbeutel.

Neigt dieser dann dazu, im Laufe der fortschreitenden Urlaubstage immer leerer und dünner zu werden, tritt Heinz auf die Notbremse. Nun wird gar nicht mehr im Lokal gegessen, auch keine Seniorenportion. Jetzt wird eingekauft und im Zimmer der Pension gevespert, mit einem Taschenmesser als Besteck. »Es muss doch wirklich nicht mehr so viel sein für uns alte Leute! Und es gibt doch auch nichts Besseres als eine Scheibe Brot und ein Stück Speck.«

Auch Gerd geht einkaufen. In Mallorca. Aber er kauft kein Essen (er ist ja immer buffetsatt), er kauft Bier und Wein. Getränke gibt es nämlich nicht kostenlos am Buffet. Die muss man bezahlen, und die sind teuer. Folglich bestellt Gerd zwar jeden dritten Tag zum Abendessen eine Flasche Weißwein mittleren Preises, nippt aber nur vornehm an seinem Glas und rügt Gerda sofort, wenn sie sich mal einen größeren Schluck genehmigt. So reicht eine Flasche für drei Abende. Nach außen tut er dabei so, als würde er keinen Alkohol vertragen und gar nicht verstehen, wieso man überhaupt Alkohol zum Glücklichsein braucht.

In Wahrheit hebt er seinen gewünschten und gewohnten Alkoholspiegel still, heimlich und leise auf dem Minibalkon seines Hotelzimmers. Die Getränke, die er dazu braucht, ob Wein oder Bier, besorgt er sich im nahe gelegenen Supermarkt. Da kosten sie nicht einmal ein Viertel des Hotelpreises! Vorsorglich hat Gerd im Koffer immer alle möglichen Flaschenöffner dabei. Und als Glas dient notfalls auch der Zahnputzbecher.

Das Problem bei der Sache ist nur: Wie schmuggelt man die Flaschen ungesehen an der Rezeption vorbei? Man will doch seiner Vornehmheit keine Blöße geben! Also nimmt Gerd stets seine Frau Gerda mit zum Einkaufen, und die Arme muss dann seine Bierdosen in einer übergroßen Handtasche ins Hotel schleppen und dabei so tun, als sei die Tasche komplett leer.

Dieses Problem hat Gerd allerdings nicht, wenn er und seine Frau alle zwei Jahre einmal zur Abwechslung auf die »AIDA« gehen. AIDA – leibhaftig gewordenes schwimmendes Sehnsuchtswort vieler Senioren. Dort gibt es alles, was das Herz begehrt, und das auch noch zu erschwinglichen Preisen. Und es spielt gar keine Rolle, ob man die düsterste Innenkabine ohne Fenster oder die Luxusausführung einer Suite bucht. Das Essen ist für alle gleich! Gerd und Gerda wählen stets die billigste Zimmerkategorie. Lachs zum Frühstück ist doch für alle obligatorisch!

Vor allem aber fühlt sich Gerd bei solchen Reisen immer sehr jung, sind die Schiffe in der Regel doch vollgestopft mit Senioren aller Altersstufen, die nicht wissen, wie sie sonst ihre Zeit totschlagen sollen. Er ist unter seinesgleichen sozusagen. Ganze Heerscharen von Rentnern schwimmen mittlerweile auf den Weltmeeren herum. Da gehören Gerd und Gerda nicht selten zu den Jüngeren, also zu denen, die noch keine Sieben am Beginn ihrer Altersangabe haben.

Von Zeit zu Zeit bucht Gerd auch eine Studienreise. Mit Vorliebe bei »Studiosus«. »Man darf im Alter nicht aufhören zu lernen! Das ist das beste Mittel, um geistig fit zu bleiben.« Also bucht Gerd eine Reise zu den Pyramiden oder auf die Akropolis. Gleichzeitig ersteht er einen halben Meter Bücher darüber. Reiseführer und Bildbände. Nebenbei wird über die Reiseziele im Internet recherchiert, auf Teufel komm raus.

Naht der Tag der Abreise, ist Gerd über alle Sehenswürdigkeiten, die ihn erwarten, bereits bestens im Bilde, kennt jeglichen geschichtlichen Hinter- und Vordergrund und hat sich bereits eine abschließende Meinung über Land und Leute, die er eigentlich erst kennenlernen sollte, gebildet.

Das ist sehr praktisch, denn so kann er dem Reiseführer unter die Arme greifen oder auf die Sprünge helfen, wenn dieser einmal nicht mehr weiterweiß oder etwas vergessen hat. Er muss sich von ihm nichts Falsches andichten lassen, sondern kann ihn auch fachmännisch korrigieren. Gerd mausert sich somit bereits in den ersten Tagen mit Sicherheit zum beliebtesten, weil gescheitesten und neunmalklügsten Teilnehmer jeder Gruppe.

Wieder zu Hause angekommen, packt Gerd sein gesammeltes Wissen in eine Unzahl von Fotoalben und Fotobüchern. Jedes Bild wird mit einer ausführlichen Bildunterschrift versehen. Jede Kirche, jeder Tempel bekommt da seine Bauzeit verpasst und wird kulturhistorisch zugeordnet.

Irgendwann wird dann Heinz mit seiner Hilde eingeladen, um ihnen bei einem Glas Wein – meist werden es mehrere – die Reise zu präsentieren. Die Fülle der Fotos hat Gerd mittlerweile auf eine CD gebrannt. Wie einstens Diaabende finden jetzt in Gerds Haus CD-Bilderabende statt. Und jedes Mal ärgert sich Gerd schwarz über Heinz, wenn dieser sich als Kulturbanause entpuppt und bei einer Moschee die peinliche Frage stellt: »Was ist denn das für eine Kirche?«

Nach Gerds England-Reise wäre es beinahe zum Bruch der Freundschaft gekommen, als sich bei einem Foto, das drei Einheimische zeigte, Gerd und seine Ehehälfte nicht einigen konnten, ob nun die rechte oder linke Frau die Wirtin eines Pubs war, worauf Heinz völlig unqualifiziert dazwischenrief: »Die mittlere!«

Sowohl Gerd als auch Heinz bringen von jeder Reise natürlich ein Souvenir mit. Bei Heinz ist es einfach: Speck und Rotwein. Auch wenn seine Frau Hilde immer mosert, weil sie wochenlang Südtiroler Speck zu Hause im Kühlschrank herumzerren muss, bis sie die Reste entsorgt, weil der Speck ihrem Göttergatten nicht mehr schmeckt.

Gerd kauft dagegen typische Landessouvenirs. Billigware. Kitsch also. So steht in Gerds Arbeitszimmer ein ganzes Regal voller Kamele aus Holz und Puppen aus Stoff. Der Eiffelturm schaut auf die Pyramiden von Gizeh herab, und das Schiff des Kolumbus lehnt am Schiefen Turm von Pisa. Alles total verstaubt; denn Gerda weigert sich beharrlich, diese »Kultursammlung« ihres Mannes abzustauben.

Folglich gibt es auch bei jeder Reise Ehekrach zwischen den beiden, wenn Gerd mal wieder so ein Prachtexemplar von Souvenir anschleppt. »Was du für Geld ausgibst für so einen Ramsch! Wenn du mal gestorben bist, braucht das kein Schwein mehr! Dann landet das Zeug genauso wie deine depperten Fotoalben im Abfallcontainer!«

Seit Neuestem hat sich Gerd auf Flaschenöffner spezialisiert, mit dem Wappen des jeweiligen Urlaubslandes verziert. Der Anfang dieser Sammlung lag darin begründet, dass Gerd bei einer Reise seine Flaschenöffner vergessen hatte.

Gerda gibt ihr Urlaubsgeld lieber dafür aus, dass sie sich eine Gesichtspflege oder Massage gönnt, besser gesagt: öfter gönnen würde. Denn Gerd sieht das nicht so recht ein. »Wozu brauchst du das denn? Du bist doch schön genug! Und jünger wirst du dadurch auch nicht!«

Gerd dagegen arbeitet ausgiebig an seinem perfekten Urlaubsaussehen. Stundenlang brät er in der prallen Sonne, um mit einer intensiven Urlaubsbräune nach Hause zu kommen, damit auch jeder auf den ersten Blick sieht, dass er wieder auf Achse gewesen ist. Pünktlich holt er sich deshalb jedes Mal prompt am zweiten Tag einen Sonnenbrand auf Schultern und Nase, und Gerda muss ihn dann mehrmals am Tag und sogar in der Nacht mit allen möglichen Salben einbalsamieren.

Dabei kann sie sich eine gewisse Häme häufig nicht verkneifen, besonders wenn sie selbst auf eine Wellness-Anwendung verzichten musste. »Das nächste Mal kannst du dich gleich in die Bratpfanne legen!«

Gerd beißt die Zähne zusammen. Er kann diesen doofen Spruch, den Gerda seit Jahren von sich gibt, nicht mehr hören. Doch zwei Tage später pflanzt er sich schon wieder in der größten Mittagsglut auf seinen sonnigen Liegestuhl.

In Südtirol ist die Situation derweil genau umgekehrt. Da reibt Heinz seine Hilde ein. Mit Voltaren. Das Knie, das Kreuz, den Fuß. »Das kommt daher, weil du viel zu dick bist und dich zu wenig bewegst! Ich sag dir das doch schon die ganze Zeit! Laufen, laufen, laufen!«

Hilde beißt die Zähne zusammen, will sich keine Schwachheit eingestehen und erträgt tapfer die Schmerzen im Knie. Ihre Füße sind mit Dutzenden von Blasenpflastern zugekleistert, zum Spott ihres Mannes.

Der kann das nämlich gar nicht verstehen. Ihm passiert so etwas ja nicht! »Na ja«, denkt sich Heinz und seufzt, »einen Urlaub lang muss ich sie halt so ertragen. Dafür kann ich dann im Winter mit meinem Club wieder für fünf Tage allein in die Berge zum Skifahren. Ist ja gar nicht mehr lange hin.«

Und Hilde denkt heimlich: »Ach, freu ich mich, wenn er im Herbst wieder mal eine Woche fort ist! Dann kann ich endlich mal machen, was ich will!«

Ein einziges Mal waren die beiden befreundeten Ehepaare gemeinsam auf Reisen. Mit der örtlichen Volkshochschule. Gerd konnte Heinz überreden, an einer Kurzrundreise durch Griechenland teilzunehmen. »Die Wiege der europäischen Kultur! Menschenskind, das musst du doch unbedingt mal gesehen haben! Sonst stirbst du noch als Kulturbanause!« Und nachdem auch Hilde, der Südtirol schon lange zum Hals raushing, in das gleiche Horn blies und vor allem einen weiteren entscheidenden Faktor ins Feld führte (»Das ist ein super Schnäppchen! Die Fahrten der Volkshochschule werden nämlich bezuschusst. Unter dem Strich ist die Woche viel billiger als in Südtirol!«), ließ sich Heinz auf dieses Abenteuer ein. Aber es sollte seine erste und zugleich letzte echte Bildungsreise werden. Der Grund lag bei Gerd ...

Als erfahrener Weltenbummler hatte dieser sich nämlich vorgenommen, seinem Freund während der gesamten Reise kräftig unter die Arme zu greifen und ihn »in allen brenzligen Situationen zu unterstützen«, wie er gleich zu Beginn lauthals verkündete. Das tat er dann auch. Bei allen Gelegenheiten redetet er ihm gut zu oder warnte ihn, wie ein Oberschullehrer sein dummes Kind belehrt. Außerdem wollte er die Gelegenheit nutzen, seinen angeblich ungebildeten Freund mit allen Regeln der Kunst für seine Reiselust nachhaltig zu begeistern.

Doch dieser rühmliche Vorsatz wäre beinahe schon beim Hinflug zunichtegemacht worden, denn bereits dieser erwies sich als reines Fiasko. Heinz hielt sich nämlich an keinerlei Regeln und Vorschriften, ganz zum Entsetzen seines übertrieben gesetzestreuen Freundes Gerd. Heinz machte überraschenderweise ganz auf cool, was nicht nur Gerd, sondern auch Hilde schrecklich peinlich war.

Schon bei der Sicherheitskontrolle der Gepäckstücke fischten die Beamten ein Taschenmesser und eine Flasche Schnaps aus seinem Handgepäck, obwohl Gerd ihn im Auto zum Flughafen ausdrücklich noch einmal gefragt hatte, ob er denn auch wirklich keine verbotenen Gegenstände in seinem Handgepäck mit sich führe. Also landeten beide Sachen im Depot der Flughafenpolizei. Dass er dann auch noch seinen Gürtel abnehmen sollte, sah er gar nicht ein und verwickelte die Ordnungshüter in eine völlig unsinnige Diskussion. Leuchtete während des Flugs dann das Zeichen zum Anschnallen auf, wartete Heinz damit jedes Mal so lange, bis eine Stewardess kam und ihn persönlich dazu aufforderte. Gelesene Zeitungen verstreute er schlicht unter seinen Sitz, bis wieder die Stewardess kam und sich bückte, damit der Saustall nicht zu groß wurde. Kurz vor der Landung weigerte er sich dann, das Tischchen vor sich hochzuklappen und den Sitz gerade zu stellen. »Ich mach das schon noch rechtzeitig!«, schnauzte er die Stewardessen an, die vorsichtshalber gleich zu zweit den Widerspenstigen zähmen wollten.

Schließlich waren die beiden Ehepaare an der »Wiege der Kultur« angelangt. Aber Heinz interessierte sich herzlich wenig dafür. Sollte das alte Kind doch schaukeln, wer wollte! Wozu musste man heutzutage noch wissen, was vor Tausenden von Jahren war? Ein Tempel erschien ihm wie der andere, und es war ihm gänzlich egal, ob die Säulen oben mit Blättern oder Schnecken endeten. Den endlosen Ausführungen des Reiseleiters folgte er nur mit halbem Ohr, und wenn Gerd Heinz noch auf eine besondere Ausgrabungsstelle hinweisen wollte, erhielt er meist nur die schroffe Antwort: »Weiter, weiter! Hab ich schon gesehen!«

Kein Wunder, dass Heinz am Ende der Reise Athene nicht von Apollo unterscheiden konnte und dass nach wenigen Wochen daheim auch noch das bisschen im Gedächtnis Gespeicherte wieder fast ganz verblasst war. Was übrig blieb, war die Erinnerung an das überraschend gute Essen im Hotel, obwohl er auch darüber an Ort und Stelle gemault hatte.

Doch Hilde hatte bei diesem Gemecker die Oberhand behalten, konnte sie sich doch am leckeren griechischen Kuchen weder sattsehen noch sattessen und geriet darüber jeden Tag ins Schwärmen. Als Souvenir kaufte sie sich demzufolge auch ein Kochbuch für griechische Backwaren, wogegen nicht einmal ihr Ehemann etwas einzuwenden hatte.

Obwohl diese Reise für alle vier Beteiligten dank der kulturellen Unbeleckheit von Heinz eher ein Reinfall war, wurde sie später zu Hause als ausgezeichneter Erfolg verbucht und im weiteren Freundes- und Bekanntenkreis auch so verkauft. Und das jahrelang. Vor allem eine Geschichte war es, die bei jeder passenden und unpassenden Gelegenheit immer und immer wieder erzählt wurde, bis sie jeder im näheren und weiteren Umfeld der Eheleute vor- und rückwärts auswendig kannte.

Es war die Geschichte, als Heinz Durchfall bekommen hatte. Und dies ausgerechnet in Delphi. Inmitten irgendwelcher bedeutenden Tempel. Und keine Toilette in der Nähe. Nirgendwo. Also mussten die Freunde kurzfristig einen Schlachtplan entwerfen, wie und wo sich Heinz unbemerkt vom Reiseleiter und den anderen Reiseteilnehmern erleichtern konnte. Der große Baum auf dem Hügel war zu weit entfernt, unter den Platanen am Rande des Stadions liefen Leute herum, und die Zederngruppe bot zu wenig Sichtschutz.

Schließlich befand man eine Strauchgruppe als geeignet. Heinz verschwand dahinter, während Hilde und Gerda davor Wache standen und Gerd den Reiseleiter in einen Disput über den Wahlspruch Delphis, »Erkenne dich selbst«, verwickelte.

Noch Jahre später hätten alle Bekannten und Verwandten der reisenden Eheleute den Busch malen können, so plastisch geriet jedes Mal die Erzählung über das Missgeschick des Helden.

Im Jahr darauf fuhr Hilde jedenfalls wieder ohne Murren mit nach Südtirol. Gab es dort doch genügend viele Toiletten und vor allem Wald.

Gerda musste dagegen erneut mit Gerd zu neuen kulturellen Ufern aufbrechen und ergeben Vortrag um Vortrag ihres Ehemannes über sich ergehen lassen.

# 5

## *Der Schwerkranke*

Am Morgen nach einem Großeinkauf bei ALDI erscheint Gerd nicht wie sonst immer auf die Minute pünktlich im Badezimmer. Gerda denkt sich zunächst wenig dabei und freut sich im Gegenteil darüber, dass sie das Badezimmer einmal ganz für sich allein hat und nicht dauernd zur Seite geschoben wird. Als ihr Angetrauter aber selbst beim verführerischen Kaffeeduft aus der Küche immer noch nicht auf der Bildfläche erscheint, beschleicht sie doch ein seltsames Gefühl. Sie öffnet vorsichtig und ganz leise die Schlafzimmertür ...

Ein schlimmer Anblick: Gerd liegt kraftlos im Bett. Ein Schnupfen hat ihn über Nacht dahingerafft. Nein, nicht wirklich. Aber ihm läuft die Nase. Kläglich und leise vor sich hin stöhnend, hebt er den Kopf um ungefähr 12 Grad vom Kopfkissen hoch und verkündet, dass es mit ihm dem Ende entgegengehe und er dies nur dadurch abwenden könnte, dass er für die nächsten Wochen im Bett bliebe. Vielleicht müsse er ja sogar ins Krankenhaus.»Gerda, das hält kein Mensch aus! Das überstehe ich nicht!«

Und schuld daran ist – ja, wer wohl? Schuld sei einzig und allein seine Frau, weil die ihn gezwungen habe, tags zuvor mit zum Einkaufen zu gehen. Nicht nur, dass es dort im Supermarkt fürchterlich gezogen habe, nein, bei solch einer Menschenansammlung müssten ja die Bakterien und Viren auf der Suche nach Opfern nur so herumflattern, und ihn erwischten sie im Gegensatz zu seiner Frau halt jedes Mal, weil er im

Gegensatz zu ihr von so zarter Natur sei. Ganz wehleidig bittet er seine angetraute Hälfte nun flehentlich, ihm doch zu helfen und die beste Medizin zu bringen, die sie im Haus habe. Und wenn die nicht anschlage, dann müsse sie eben den Arzt holen, denn mit so einer Erkrankung sei schließlich nicht zu spaßen. Sie könnte sich ja zu einer Lungenentzündung oder gar zu einer Rippenfellentzündung ausweiten, und man habe doch schon öfter davon gehört, dass ältere Menschen daran gestorben seien. Der Tod suche eben einen Anfang – und wer weiß ... Der vermeintliche Befund sei gleichbedeutend mit einer tödlichen Erkrankung, kurz vor dem Exitus oder sogar schon danach ...

Gottergeben begibt sich also seine Ehefrau zum Medizinschränkchen. Besser gesagt, zu einem ausgewachsenen Koloss von Medizinschrank, vollgepfropft mit allen nur erdenklichen Mitteln, seit Gerd Rentner ist. Sogar ihr Nähschrank hatte weichen müssen, um das Monstrum an Hausapotheke in der Wohnung unterzubringen. Und dann wurde er gefüllt. Mit allem Möglichen gegen alles Mögliche. Da finden sich Medikamente gegen Magenschmerzen genauso wie gegen Schlaganfall oder Hühneraugen. Alles, was das Herz begehrt. In Unmengen!

Zur Hauptlektüre ihres Gatten gehört nämlich seit dem ersten Tag des Rentnerdaseins die Apotheken Umschau, die Rentnerbravo. Gerd verschlingt sie regelrecht. Beim Apotheker ist er seitdem ein angesehener Kunde, denn nahezu alles, was da angeboten wird, wird von ihm gekauft.

Aber nicht nur von Gerd. Sobald die neue Zeitschrift beim Apotheker in der Post liegt, bestellt dieser eifrige Geschäftsmann sofort von den angepriesenen Artikeln jeweils zwei Dutzend Packungen und legt sie gleich vorne auf den Ladentisch, wohl wissend, dass in den nächsten Tagen seine Stammkundschaft an Rentnern pünktlich erscheinen wird mit genau den Symptomen, die in den jeweiligen Artikeln beschrieben werden. Nur natürlich in verstärktem Ausmaß. Nun kommen sie, die Rentner, einer kränker als der andere. Mit lauter Krankheiten, die leider bis dato von keinem Arzt entdeckt wurden und die nun Gott sei Dank durch die Zeitschrift ans Licht gekommen sind. Der Apotheker reibt sich die Hände und schickt ein Dankgebet für das Blatt gen Himmel, kann seine Kasse doch nun wieder klingeln.

Gerd kauft aber nicht nur in der örtlichen Apotheke en gros, nein, er hat auch das Arznei-Shopping per Internet entdeckt. Da kann er nach Lust und Laune stundenlang stöbern nach allem, was sein gesundheitsfanatisches Herz begehrt. Hier kann er problemlos nachschlagen, welches Mittelchen er wofür anwenden kann oder soll. Er recherchiert und recherchiert und kämpft sich durch ein schier unüberschaubares Angebot an Heil- und Vorbeugungsmitteln, die mit blumigen Worten und tollsten Versprechungen präsentiert werden.

So durchforstet er Seite für Seite und glaubt selbst dem dubiosesten Unfug. Schließlich kann man sein Leben ja nicht einfach so laufen lassen oder dem Schicksal oder gar dem lieben Gott überlassen. Man muss schon selbst dafür sorgen, dass der geliebte Körper gehätschelt und gepäppelt wird und dass ihm ja nichts zuleide geschieht. Das Ziel ist schließlich, steinalt zu werden – aber bitte gesund, frisch und hübsch! Und so wird nach Kräften nachgeholfen.

Besonders angetan hat Gerd das Wort »Immunsystem«. »Ein schlagkräftiges Immunsystem ist immer in der Lage, auch die schwersten und sogar tödliche Krankheiten in Windeseile zu besiegen«, belehrt er seine Frau Gerda. Aha.

So treffen regelmäßig voluminöse Paketsendungen im Hause von Gerd und Gerda ein. Mit Schachteln voller Aufbau- und Stärkungsmittel. Für alle Teile eines männlichen Adonis-Körpers. Zur Steigerung der Leistungsfähigkeit und zur Regenerierung von Haut und Haaren. Dazu Vitamine von A bis Z, versetzt mit allen möglichen Spurenelementen. Kapseln, Pülverchen, Globuli, Säfte, Tropfen ... Eben alles, was einem alternden Herrn im letzten Lebensabschnitt ewige Jugend verspricht.

Wenn Gerda das Wort »Nahrungsmittelergänzung« schon liest, flippt sie voller Zorn fast aus. Gegen »Mangelerscheinungen«! Als ob sie nicht gesund kochen würde! Aber all ihre Bemühungen genügen dem Gesundheitsapostel an ihrer Seite offenbar nicht. Am besten wäre es, denkt sie oftmals voller Grimm, sie würde ihrem Ehemann statt eines mühsam geschnippelten Rohkostsalats eine gelb-grün-rote Pille auf den Teller legen, drapiert mit fünf Kügelchen und verziert mit braunen Tropfen.

Doch trotz aller Beteuerungen ihrer gesunden Ernährung lässt sich Gerd nicht von seinem Gesundheits- und Schönheitsfimmel abbringen. Tapfer verschlingt er morgens sechs Pillen, mittags drei und abends erneut ein halbes Dutzend. Bekommt er Magenschmerzen oder gar Durchfall davon, so sind natürlich niemals diese Mittelchen daran schuld. Im Gegenteil. Es werden noch andere Rezepturen draufgesetzt. Und natürlich wird Gerda für schuldig erklärt und mit Vorwürfen überhäuft. »Was hast du denn da schon wieder gekocht? Was war denn nun schon wieder in deinem Essen drin?«

Das Problem ist nur, dass die Ratschläge der entsprechenden Medien sich alle paar Wochen ändern oder sich sogar widersprechen. Was vor sechs Wochen als Nonplusultra gehandelt worden war, gilt über Nacht als überholt oder gar schädlich. Also muss man handeln, umdenken, sich neu orientieren, umstellen, neu einkaufen.

Nur: Wohin mit den alten, noch verwendbaren Salben und Pillen? Wegwerfen? Nein, sie waren ja so teuer! Also: vorsichtshalber aufheben. Man weiß ja nicht, ob man sie nicht doch noch mal brauchen wird. So stapelt sich also im Medizinschrank von Gerd haufenweise alles, was angeblich gesund, schön und fit macht.

Auch die Fernsehmanager haben den Gesundheitsmarkt für sich entdeckt. Zwar werden da keine Produkte angepriesen, aber in abendlangen Sendungen werden Tausende von Krankheitsbildern in aller Ausführlichkeit vorgestellt und durchgekaut, mit den dementsprechenden Berichten über unglaubliche Heilerfolge und persönliche Erfolgsgeschichten. Eine bahnbrechende neue Erkenntnis jagt die andere.

Vor allem die Senioren saugen jedes Wort begierig in sich auf, haben sie doch genügend Zeit, sich zu jeder Tages- und Nachtstunde solche Sendungen zu Gemüte führen zu können. Und es könnte ja irgendwann eine Krankheit dabei sein, die man noch nicht hat, die man aber irgendwann bekommen könnte oder die schon latent in dem einen oder anderen schlummert, nur unentdeckt.

Auch dafür ist Gerd anfällig. So hat er einen Ordner angelegt, in dem sich Namen und Adressen von allen möglichen Arztspezialisten befinden. Dazu eine Liste mit den besten Spezialkliniken. Von Orthopäden bis Gallenspezialisten, von Augenärzten bis Kniedoktoren. Von Hamburg bis Garmisch, von Leipzig bis Freiburg.

Nun liegt Gerd also an jenem besagten Morgen mit einem fürchterlichen Männerschnupfen im Bett.

»Gerda, kannst du mir die Nasentropfen holen?« Gerda rennt. »Gerda, kannst du mir ein Kirschkernkissen bringen?« Gerda rennt. »Gerda, kannst du mir eine Grippetablette bringen?« Gerda rennt.

Sie rennt und rennt, bringt gottergeben eine Schuhschachtel voller Medikamente gegen Erkältung und kocht Kamillentee.

Natürlich ist bei all dem nichts »Richtiges« dabei, zumindest nichts, was dem Schwerkranken gefällt oder gar hilft. »Das Zeug taugt überhaupt nichts! Aber dir ist es ja egal, wie ich mich fühle. Du wirst schon sehen, was du machst, wenn ich nicht mehr da bin!«

Gerda flüchtet in die Küche, schenkt sich am frühen Morgen einen Schnaps ein, ballt die Fäuste und fragt sich allen Ernstes: »Warum habe ich vor Jahrzehnten nur geschworen ›in guten wie in bösen Tagen‹?«

Da ertönt schon wieder Gerds wehleidige Stimme aus dem Schlafzimmer. »Gerda, kannst du mir ein Taschentuch bringen?«

Heinz unterscheidet sich im Krankheitsfall nicht wesentlich von seinem Freund Gerd. Das ausgeprägte Jammer-Gen beim kleinsten Unwohlsein scheint wohl allen Männern eingepflanzt zu sein. Und je weiter das Alter fortschreitet, desto mehr verstärkt sich diese den Männern angeborene Eigenschaft. Wahrscheinlich geschieht dies bei ihnen sogar überproportional, kommt doch die Angst vor einem irgendwann absehbaren Ende noch dazu. Auch Heinz befindet sich bei dem leisesten Hauch einer Erkältung auf Selbstauflösungskurs, und auch er schikaniert seine bessere Hälfte Hilde. Wie Gerd, keinen Deut besser.

Hinzu kommt bei Heinz noch, dass er in latenter panischer Angst vor jedweder Ansteckung schwebt. Darin übertrifft er Gerd haushoch. Fast schon eine Manie. Besonders, wenn seine Enkel zu Besuch kommen. Mit Argusaugen überwacht er jede laufende Kindernase. Beim ersten zaghaften Niesen eines der Kleinen kommt zunächst die strenge Ermahnung »Hand vorhalten!«, auf dem Fuß gefolgt von der Unheil verkündenden Androhung: »Kein Wunder, dass es mir jetzt auch schon im Hals kratzt!«

Natürlich ist das einerseits völliger Blödsinn. Andererseits steigert er sich aber so hinein, dass er am nächsten Tag tatsächlich hustet oder schnieft. »Reine Einbildung!«, empört sich Hilde jedes Mal. »Dir braucht man ja nur zu erzählen, dass einer in drei Kilometern Entfernung hustet, schon hustest du aus Sympathie mit!«

Am meisten ärgert sich Hilde aber über seine Reaktion, wenn sie sich selbst mal eine Erkältung oder gar Grippe eingefangen hat. Wie würde sie sich wünschen, dass auch er ihr mal hilft, sie ein kleines bisschen verwöhnt oder zumindest bedauert.

Aber nein! Zuallererst platzt stattdessen aus ihm heraus: »Steck mich bloß nicht an! Geh nicht so nah an mich ran!« Dann ist Hilde schon bedient und zieht wortlos zum Schlafen auf das Sofa im ehemaligen Kinderzimmer um. Permanent überschüttet sie dafür ihr Ehemann nun mit sogenannten gut gemeinten Ratschlägen, wobei für Hilde in dieser Situation die Betonung eindeutig auf »Schlägen« liegt.

»Du musst ordentlich starke Grippemittel nehmen!« – »Du musst inhalieren!« – »Du musst das Gesicht über Wasserdampf halten!« – »Du musst mit Rotlicht bestrahlen!« – Du musst, du musst, du musst ... Dabei soll Hilde nicht etwa »müssen«, damit sie sich wieder besser fühlt, sondern weil er vor Angst fast in die Hose pinkelt, dass auch er krank werden könnte und leiden müsste. Außerdem geht ja mit dem Ausfall Hildes ein großes Stück Bequemlichkeit verloren, wenn sie nicht so funktioniert, wie er es gewohnt ist.

Vor Jahren war Hilde einmal ernsthaft erkrankt. Eine Frauengeschichte. Heinz war völlig durch den Wind. Kopflos und blindlings lief er durch die Gegend und durch sein Leben. Hilde kämpfte. Mit sich, mit der Krankheit und am meisten mit Heinz. »Ich bin doch nicht ansteckend! Und auch lange noch nicht gestorben!«

Doch ihr Ehemann rotierte, schlimmer als eine außer Takt geratene Windmühle. »Hilde, wo finde ich ...?« – »Hilde, was soll ich ...?« Heinz brachte nichts mehr auf die Reihe. Schließlich regelte und ordnete Hilde vom Krankenbett aus das gemeinsame Leben und tröstete nebenbei auch noch ihren konfusen Mann.

Seit Heinz im Ruhestand ist, legt er gesteigerten Wert auf ausreichenden Schlaf. Um genau zu sein: auf ganz viel Schlaf. »Ich muss morgen früh um 9.00 Uhr in der Autowerkstatt sein, muss also schon um halb acht aufstehen. Das heißt, ich muss heute allerspätestens um 22.00 Uhr im Bett sein.« Schon beim Mittagessen rechnet er sein benötigtes Schlafpensum akribisch aus und breitet diesen ach so wichtigen Generalstabsplan von nun an stündlich vor seiner Hilde aus. Er schläft und schläft. Aber nicht nur nachts. Eine Stunde Mittagsschlaf ist ebenfalls unumstößliches Gesetz. Und wehe, das Telefon klingelt währenddessen oder Hilde klappert in der Küche unvorsichtig mit Geschirr und stört seine heilige Ruhe! Dann ist dicke Luft im Haus, bis zum Abend.

Besonders anfällig ist Heinz, wenn es irgendwo zieht. Schon den kleinsten Lufthauch empfindet er als Frontalangriff auf seine Gesundheit. Steigt er einmal zu Gerd ins Auto, dreht er sofort alle Lüftungsschlitze zu. Die Autoheizung ebenfalls. Egal, ob die Scheiben anlaufen, ob sein Freund Gerd etwas sieht oder nicht oder ob im Innern des Fahrzeugs saunaähnliche Temperaturen herrschen.

In einem gravierenden Punkt unterscheidet sich Heinz aber grundsätzlich von Gerd. Er weigert sich beharrlich, einen Arzt aufzusuchen. Erst wenn es gar nicht mehr anders geht, lässt er sich dazu überreden. Dabei hat er im Gegensatz zu Gerd schon häufig und ausgiebig Bekanntschaft mit Krankenhäusern und Ärzten machen müssen. Zwei neue Hüften und ein nagelneues Kniegelenk nennt er schon sein Eigen.

Trotzdem findet keiner aus der Gattung Ärzteschaft Gnade vor seinen Augen. Der eine ist zu sanft, der andere zu grob, der dritte zu geschäftstüchtig. Heinz hat an jedem etwas auszusetzen.

Das ist auch der Grund, warum Heinz vor Hilde verheimlicht, wenn ihn wirklich mal eine ernste Erkrankung heimsucht. Dann betreibt er Vogel-Strauß-Politik. Aus Angst vor unangenehmen Untersuchungen und noch unangenehmeren Diagnosen.

So war es zum Beispiel, als er dringend eine neue Hüfte brauchte. Monatelang schlich er wie ein Trauerkloß mit Leichenbittermiene und gesenktem Kopf durch die Wohnung. Auf die wiederholten und drängenden Fragen seiner Frau »Was hast du denn in aller Welt? Ist dir nicht gut? Kann ich dir helfen?« kam stets nur die patzige Antwort: »Lass mich einfach in Ruhe!«

Ein ähnlich schwieriges Verhältnis hat er zu Arzneimitteln. Er scheint medikamentenresistent zu sein. Wenn eine Tablette nicht gleich am zweiten Tag hilft, taugt sie seiner Meinung nach nichts, und das Medikament wird postwendend abgesetzt.

Stärkungsmittel oder gar Gesundheitstees lehnt Heinz strikt ab. »Das ist doch einzig und allein gut für den Geldbeutel des Apothekers! Und Tee trinke ich ohnehin erst, wenn ich mich nicht mehr wehren kann!«, lautet seine Devise.

Da ihn aber doch ab und zu sein schlechtes Gewissen plagt, kauft er sich – gewissermaßen als Alibi – regelmäßig irgendwelche Gesundheitsgeräte. Für Passivanwendungen, versteht sich. Ein Rüttelgerät, auf das man während des Fernsehens seine Füße stellen kann, einen Massagegürtel für die Hüften und ein Dutzend unterschiedlicher Kopf- und Nackenkissen für gesunden Schlaf.

Allerdings werden die meisten dieser neuen Errungenschaften umgehend nach dem Auspacken wieder in eine Ecke gestellt, und dort fristen sie dann ein unerwünschtes Dasein bis zur Sperrmüllentsorgung in fünf Jahren.

Von seinem Freund Gerd darauf aufmerksam gemacht, dass Übergewicht nicht gerade ideal für seine neuen Gelenke sei, gibt sich Heinz cool. »Warum, meinst du, ist dann das Ersatzteillager mittlerweile so riesig, wenn man es nicht ausnutzen darf? Außerdem hat jedes Gramm meines Bauches mein eigenes Geld gekostet!« Und wenn es dann in der Schulter wieder einmal zwickt und kracht, ist sein lässiger Kommentar höchstens: »Ich bin halt in einem knackigen Alter!«

Apropos Alter, die Lieblingsfloskel von Heinz bei all den Debatten und Ratschlägen rund um Krankheit und Gesundheit lautet: »Das ist halt so – in meinem Alter!«

»In meinem Alter!« – Gerd rauft sich jedes Mal die Haare, wenn er das hört. »Was heißt denn hier ›alt‹? Man ist so alt, wie man sich fühlt! Adenauer wurde Bundeskanzler, als er noch viel älter war! Was soll das also?«

Das Alter – ein überaus heikles wie über alle Maßen sensibles Thema. Mit Sprengkraft. Besonders, wenn es darum geht, sein äußeres Erscheinungsbild so jung wie nur irgend möglich zu erhalten. Heinz denkt nicht im Traum daran, dafür auch nur den kleinen Finger zu krümmen. Kein einziges Nahrungsergänzungssäftchen flutscht durch seine Kehle. Keine Feuchtigkeitscreme dringt durch sein Bartgestrüpp und kommt mit der faltenreichen Haut in Berührung. Ganz im Gegensatz zu Gerd, der ein ganzes Sortiment von Tiegelchen gegen alternde Haut vorweisen kann.

Nur die Sache mit dem Gewicht lässt Heinz nicht ganz kalt. Er weiß ja selbst, dass Gerd im Grunde genommen recht hat, wenn er ihn wegen seiner überschüssigen Pfunde immer wieder kritisiert. Aber Heinz ist eben alles andere als ein aktiver Sportler.

Sein Biorhythmus wird nun einmal vom Fernseh-Fußball-Sport gesteuert. Und soll er vielleicht dabei auf sein gewohntes Gläschen Bier verzichten? Was hat man denn sonst noch an Freuden »in diesem Alter«? Man gönnt sich doch sonst nichts!

Seit Heinz beruflich nicht mehr gefordert ist, lassen sein Gedächtnis und seine Konzentration merklich nach. Namen fallen ihm nicht mehr auf Anhieb ein, Telefonnummern muss er nachlesen. Hilde tröstet ihn: »Das geht doch im Alter allen Menschen so!« Heinz akzeptiert dies nicht. Sonst muss das Alter für alle möglichen Wehwehchen als Ausrede herhalten, doch in diesem speziellen Fall lässt er dies nicht gelten. Auch hier wird sein gesunder Menschenverstand von der Angst überlagert. Angst vor Demenz, Angst vor Alzheimer ...
»Das ist bestimmt das Bier, der Alkohol!«
»Dann trink halt weniger!«
»Ja, du hast ja recht. Ab heute gibt es pro Tag nur noch ein Glas Wein!« Und er hält diesen Vorsatz löblich ein. Bis am Abend desselbigen Tages die Sonne untergeht. Dann ist wieder alles vergessen.

Als neueste Strategie gegen die angstvolle Vergreisung greift Heinz neuerdings zu Sudoku und Kreuzworträtseln. Allerdings ohne Geduld und mit nur wenig Durchhaltevermögen. Am liebsten wäre es ihm, wenn die Lösungen dazu gleich auf einem Silbertablett serviert würden. Weil dem aber in der Regel nicht so ist, muss wieder Hilde herhalten. »Hilde, wie heißt die Münzeinheit in Bolivien?« – »Hilde, wie heißt die Mutter des Perseus?« – »Hilde, wie heißt die Stadt an der Zwickauer Mulde?« Hilde rast aus der Küche herbei und weiß es auch nicht.

Die wundesten Punkte im Alltagsleben von Heinz sind Essen und Trinken. Er isst und trinkt für sein Leben gern gut und viel und trinkt auch regelmäßig genussvoll sein Bierchen, seinen Wein oder auch mal ein Gläschen Hochprozentiges.

»Lebensqualität« nennt er das. Dabei schlägt er auch schon mal über die Stränge. Wenn es zum Beispiel Gänsebraten, Schweinshaxe oder Presssack zum Essen gibt. Dann kann er sich nicht zurückhalten. Er greift wieder und wieder zu, bis er fast platzt. Zur besseren Verdauung benötigt er dann natürlich ein Schnäpschen, und da man auf einem Bein nicht stehen kann, ein zweites.

Am Tag darauf muss er seine Völlerei dann bitter büßen. Die Gicht sucht ihn heim mit schier unerträglichen Schmerzen. Die Zehen scheinen zu explodieren, kein Schuh passt mehr. Jetzt ist das Gejammer groß, und Hilde muss seine miese Laune wieder heroisch ertragen. Mahnt sie ihn aber beim Essen rechtzeitig vorher: »Heinz, iss nicht so viel von dem fetten Zeug! Morgen haben wir dann wieder die Bescherung!«, dann rennt sie bei ihm gegen eine Wand.

»Nicht einmal mehr essen darf man, was man will! Alles wird einem vorgeschrieben!« Und er nimmt sich aus Protest noch einen Gansschlegel.

Schlägt dann, wie erwartet, die Gicht wieder vehement zu, ist das der einzige Fall, wo Heinz freiwillig zum medizinischen Rettungsanker, sprich zu einer Tablette, greift oder sich sogar eine Spritze verpassen lässt. Ist die Gichtattacke aber wieder ausgestanden, kümmern Heinz seine Blutwerte einen feuchten Kehricht.

Während Heinz der Lust am Essen und Trinken frönt, ernährt sich Gerd hundertprozentig kalorienbewusst. Man sieht die Unterschiede den beiden Freunden auch an. »Wie Dick und Doof«, spöttelt Hilde manchmal über die beiden. Dabei würde sie um nichts in der Welt so leben und kochen wollen wie ihre Freundin Gerda.

Hilde greift schon mal – zum Entsetzen von Gerda – zu einer Maggi-Fertigsauce, wenn es schnell gehen muss, und spart auch nicht mit Butter oder Sahne.

Ganz anders Gerda. Bei ihr werden alle Zutaten zum Kochen abgewogen und abgezählt. Ihr und ihrem Mann steht zum Frühstück nur jeweils ein einziges Brötchen zu, Vollkorn bitte, und mehr als 80 Gramm Nudeln pro Person dürfen es auch nicht sein. Das Steak darf in keiner Sahnesauce schwimmen, und das Schnitzel wird nach dem Braten sorgsam mit einem Küchentuch abgetupft, damit ja kein Gramm überflüssiges Fett daran kleben bleibt. Im Gegensatz zu Hilde, die das Bratfett extra über das Fleisch gießt und es zulässt, dass ihr Mann Kartoffel- oder Brotstückchen in das Fett der Pfanne tunkt.

Während es Heinz also völlig egal ist, wie und womit Hilde kocht – Hauptsache, es schmeckt –, kontrolliert und überwacht Gerd genauestens die Menge an Kalorien, die er und seine Frau zu sich nehmen. Am Kühlschrank hängt deswegen eine Tabelle mit Punkten für jedes gängige Lebensmittel. Aus einer Zeitschrift entnommen, die jährlich wie warmes Bier eine Frühjahrsdiät anpreist.

Gehen beide Herren einmal in ein Wirtshaus und bestellen sich eine deftige Brotzeit, schneidet Gerd sorgfältig den Fettrand vom Aufschnitt ab und deponiert ihn auf dem Tellerrand, von wo sich Heinz selbige »Sünde« schnappt und sie genussvoll vertilgt. »Menschenskind, das ist doch das Beste!«

Gerd hat auch das Fasten für sich entdeckt. Obwohl in keinster Weise religiös geprägt, hält er sich strikt an die 40 Tage Fastenzeit vor Ostern, trinkt in dieser Zeit kein Bier und keinen Schnaps und verliert jedes Jahr einige Kilogramm an Gewicht. »Musst du mir nicht dauernd auf das Butterbrot schmieren!«, mault Heinz, wenn Gerd wieder und wieder seine großartige Standfestigkeit lobt.

Nur wenn Gerd irgendwo zum Essen eingeladen ist, kümmern ihn die Kalorien offenbar wenig. Da isst er die Wurst am liebsten mitsamt der Büchse. Offensichtlich wird, sobald er irgendwo bei Freunden ist, in seinem Hirn ein Schalter umgelegt auf »Ausnahme«, analog der Essensregel der Katholiken, die freitags zwar eigentlich kein Fleisch essen sollen, aber eine Ausnahme davon auf Reisen gestatten. Diese Ausnahmeregelung gilt daher natürlich auch im Urlaub beim Buffet, vor allem wenn es kostenlos ist.

Weil Hilde keine Pilze mag, bestellt sich Heinz bei jeder Gelegenheit, wenn er im Herbst mit Gerd einmal allein unterwegs ist, irgendein Pilzgericht, mit Pilzen aus heimischen Wäldern. Doch kaum hat er seine Bestellung bei der Bedienung aufgegeben, folgt auf dem Fuß eine wissenschaftliche Belehrung seines Freundes Gerd: »Wie kann man nur so unvernünftig sein! Seit Tschernobyl sind die Pilze doch noch immer radioaktiv belastet! Das muss man sich doch wirklich nicht antun!« Dann folgt eine genaue Analyse aller möglichen Cäsium-Werte, woraufhin der Unmut bei Heinz über seinen Freund sekündlich steigt. Mit einer Handbewegung wischt er alle Bedenken weg: »So ein Quatsch! Bis das bei mir in meinem Alter wirkt, schau ich doch längst die Radieschen von unten an!« Und er kontert: »Kümmert ihr euch lieber um eure Bio-Körner, die ihr täglich in euch hineinstopft! Als ob diese nicht auch mit allem möglichen ungesunden Zeug verseucht sind!«

Damit trifft er einen empfindlichen Nerv seines Freundes, denn selbstverständlich kaufen Gerd und Gerda möglichst oft in einem Bioladen ein, was Heinz immer wieder zu beißendem Spott veranlasst. »Auf der einen Seite spart ihr auf Teufel komm raus, und dann schmeißt ihr euer gutes Geld den Bioleuten in den Rachen! Als ob der Regen oder die Autoabgase einen Bogen um eure Körnerplantagen machen würden!«

Wenn Heinz dann erfährt, dass Gerd trotz aller gesunden Ernährung von einem Schnupfen oder Husten heimgesucht worden ist, führt sein Inneres einen Freudentanz auf. »Hättest mal was Gescheites gegessen!«, spöttelt er dann triumphierend in den Telefonhörer.

Nun liegt also sein treuer Freund mit einer mehr oder weniger triefenden Nase daheim bei seiner geduldigen Gerda im Bett. Doch ein Wunder geschieht. Am nächsten Morgen ist nämlich der Spuk urplötzlich vorbei. Gerd steht pünktlich um halb acht auf. Er marschiert wie gewohnt schnurstracks in die Küche, um das Kaffeewasser aufzusetzen.

Doch seine treusorgende Gattin hatte – in Befürchtung eines weiteren Krankentages ihres Geliebten – dies bereits getan. »Du hast wieder viel zu viel Wasser in die Kaffeemaschine geschüttet! Vier Tassen reichen doch!«, poltert Gerd in Richtung seiner Frau. Diese kapiert sofort. Ihr Gerd ist wieder gesund.

# 6

## *Rentner und ihre Autos*

Man fragt sich manchmal, wieso sich beide so gut verstehen, Heinz und Gerd, wo sie doch eigentlich elementar verschieden sind. Das liegt vielleicht daran, dass sie in einem wirklich essenziellen Bereich ihres Lebens als vermeintliche Vollblutmänner nahezu identische Gefühle und Leidenschaften hegen. Fast jedenfalls. In einer typischen Männer-Domäne nämlich. Es betrifft ihre Geliebten. Nein, nicht Gerda und Hilde, auch nicht etwa im Verborgenen existierende Seitensprünge. Nein, es geht um gar nichts Geheimnisvolles. Ganz im Gegenteil. Die Rede ist von ihren Autos! Sie sind ihre Passion – wie bei den meisten Männern ihrer Generation. Vorgezeigt und stolz präsentiert wie einst die erste Freundin, herausgeputzt und aufgemotzt wie sie selbst vor Jahrzehnten auf Freiersfüßen, liebevoll gehegt und gepflegt wie das eigene Ego und mehr als die Frau. Ein Teil des Lebens: das Auto eines Rentners.

Zunächst einmal – das ist irgendwie bei allen männlichen Zeitgenossen der Generation 60+ ähnlich – müssen ihre Autos etwas darstellen. Sie sind schließlich Vorzeigeobjekte und mehr in der Öffentlichkeit zu bestaunen als zum Beispiel ein Küchenherd. Das Fahrzeug fährt auf der Straße herum, das sieht jeder: der Nachbar und der ehemalige Kollege. Es ist schlicht und ergreifend das Statussymbol der Generation 60+.

Am besten sollte es aus dem Bereich der gehobenen Mittelklasse stammen. Zu klein darf es nicht sein, aber durchaus bezahlbar und von der Werbung als momentan neuester Hit angepriesen. Dann hat man eine super Selbstdarstellung, in einem einzigen Objekt perfekt verkörpert. Eindrucksvoll kann man so vorführen, dass man noch moderner Weltmann, aber auch ausgewiesener Finanzexperte und dazu gut situierter ehemaliger Gesellschafts-Leistungsträger in einem ist. Das Auto als Symbol des wirtschaftlichen Standes. Mehr als jede gute Stube. Manchmal hat man den Eindruck, nicht die Senioren herrschen über ihre geliebten Fahrzeuge, sondern umgekehrt. Die Autos bestimmen das Leben vieler Pensionäre und Rentner.

Gut, die Zeiten, in denen auf der Ablage des Rückfensters neben einer Klopapierrolle im Häkellook ein Dackel mit dem Kopf wackelte und auf dem Armaturenbrett ein Plastikblumenstrauß schaukelte, sind auch in Deutschland längst vorbei. Wir sind schließlich im 21. Jahrhundert angekommen und haben die Zeiten des Wirtschaftwunders schon viele Jahrzehnte hinter uns gelassen. Außerdem gehört ein Auto mittlerweile beinahe zu jedem Rentnerhaushalt.

Aber ganz, ganz tief im Innern, im allerletzten Winkel des Hirns, hat sich bei vielen älteren Herren der Gedanke festgebohrt, dass sie sich nur über das Auto definieren können. Wie bei Gerd und Heinz.

Aus diesem Grund werden die Autos unserer Rentner meist auch so pingelig gepflegt und verhätschelt. Mehr als alles andere, mehr als Freunde und selbstverständlich mehr als ihre Ehegattinnen. Sie sind Lebensinhalt! »Der Deutschen liebstes Kind«, spöttelt man hierzulande. Man möchte ergänzen: »Der Rentnergeneration von heute allerliebstes Kind.«

Damit also diese Himmelsgabe Auto auch den auf den Besitzer ausstrahlenden Glanz behält, wird es folglich regelmäßig gewaschen und poliert. Von außen zumindest. Ob nötig oder nicht. Vor allem vor Weihnachten, Ostern oder vor dem Muttertag. Selbst wenn es diese Festtage einsam und ungebraucht in der Garage dahindämmern muss. Doch was sein muss, das muss sein. Darin sind sich Gerd und Heinz absolut einig.

Was das Innere des Wagens betrifft, schaut es bei beiden allerdings etwas anders aus. Während Gerd regelmäßig mit dem Staubsauger und einem Fensterleder bewaffnet durch das Innere seines Fahrzeugs kriecht, ist Heinz das Innenleben seines Autos ziemlich egal. Da häufeln sich Brotkrümelchen und Bonbonpapiere, und auf den Fußmatten sind die Fußspuren des letzten Winters in Form von Streusteinchen und Tannennadeln bis weit in das Frühjahr hinein zu bestaunen. Zumindest, bis sich Hilde ein Herz nimmt und eine Generalreinigung inszeniert. Ohne Hilfe von Heinz, versteht sich. Der sträubt sich: »Ist mir doch egal! Wäre es doch etwas anderes als ein Auto geworden!« Hauptsache für ihn: Es glänzt von außen.

Drehen sich die Gespräche der beiden Freunde einst vielleicht um ihre neuesten weiblichen Eroberungen, so mutierten sie im Laufe des Lebens reziprok zum Nachlassen ihres Hormonspiegels in Richtung Auto. Je mehr ihre sonstigen männlichen Gelüste verblassten, desto stärker rückte das Auto in den Fokus des Lebens. Nun wird darüber philosophiert und schwadroniert, dass sich die Balken biegen – über Fensterheber und Reifenprofile, über Navigationssysteme und die Vor- und Nachteile eines Tempomats, über Türschlösser und Benzinverbrauch. Nachdem auch noch die täglichen Ereignisse des Berufslebens als Gesprächsinhalte komplett weggefallen sind, nimmt das Thema Auto fast schon hierarchische Strukturen an.

Apropos Benzinverbrauch. Eines der ganz heißen Themen. »Das letzte Mal habe ich es tatsächlich geschafft, auf der Strecke nach Frankfurt nur 6,9 Liter zu verbrauchen.« – »Kein Wunder, du fährst ja auch wie 'ne Schnecke. Wie viele Stunden hast du denn gebraucht?« Heinz grinst, und Gerd zieht sofort ein beleidigtes Gesicht. »Ich war in drei Stunden da!« – »Na ja, so ein langsames Auto hatte ich auch mal.« – »Wenn jeder so viel $CO_2$ in die Luft blasen würde wie du, wäre die Welt schon längst vergiftet! Aber eines Tages klebst du bei deiner Raserei sowieso an irgendeinem Straßenbaum.« – »Aber nur, weil lauter solche Sonntagsfahrer wie du einen immer zum Überholen an den unmöglichsten Stellen zwingen und den ganzen Verkehr aufhalten.«

Jetzt ist das Hühnchen zwischen beiden Freunden zertreten. Denn in diesem Punkt streiten sich die beiden ehrbaren Herren pausenlos. Heinz ist nämlich ein notorischer Raser, während Gerd ein Fahrer im Beamtenstil ist. Das ist allerdings auch der einzige wirklich gravierende Unterschied der beiden, was das Auto betrifft.

Heinz holt also tempomäßig alles aus seinem Auto heraus, was es hergibt. Er hat gewissermaßen Benzin im Blut. Typ rabiater Macho. Ein Relikt aus seinen jungen Jahren, aus seiner Sturm- und Drangzeit. Sogar an Auto-Rallyes über Land, von einem Provinzautoclub seines Heimatortes organisiert, hatte er dereinst teilgenommen. Aus jener Zeit stammt seine tiefste Überzeugung, alle Fahrzeuge aus dem FF zu beherrschen und der beste aller Fahrzeugführer auf Gottes schöner Welt zu sein. Nach wie vor, auch in seinem Alter. Dabei weigert er sich beharrlich einzusehen, dass Augen und Gehör schlechter und seine Reaktionen ob des Alters langsamer geworden sind. Nein, was das Autofahren angeht, kann ihm so schnell keiner etwas vormachen. Da ist er topfit. Denkt er.

Gibt es irgendwo eine Geschwindigkeitsbegrenzung, so ist sein Hauptaugenmerk nicht etwa darauf gerichtet, diese einzuhalten, sondern wie ein Geier den Straßenrand nach irgendwelchen Polizeikontrollen oder Blitzsäulen abzusuchen. Dann freut er sich jedes Mal diebisch, wenn er ein Blitzgerät rechtzeitig gesichtet hat und im allerletzten Moment auf die richtige Geschwindigkeit herunterbremsen und so der Polizei ein Schnippchen schlagen konnte.

Nicht immer gelingt ihm dies allerdings. So kann er schon eine Reihe Polizeitrophäen in Form von Strafzetteln vorweisen. Einmal musste er für vier Wochen wegen zu schnellen Fahrens sogar auf das Fahrrad umsteigen. Aber das hat letztendlich nichts gefruchtet. Mittlerweile wird seine Fahrweise wie von Geisterhand wieder von Jahr zu Jahr schneller. Sind 100 Kilometer pro Stunde vorgeschrieben, fährt er aus Prinzip 119, bei 120 Kilometern Tempolimit geht er auf 139 pro Stunde. Schlimmstenfalls – so überlegt er – muss er beim Erwischtwerden mit einer Geldstrafe rechnen, nicht wieder mit Führerscheinentzug. Genau kalkuliert also. Ein regelrechter Sport.

Und wenn auf der Autobahn gar keine Geschwindigkeit vorgegeben ist, drückt er das Gaspedal bis zum Anschlag. Hindert ihn bei der Verwirklichung seines Fahrstils ein langsameres Auto vor ihm, so wird sofort der linke Blinker gesetzt, der Zeigefinger vibriert am Schalter des Auf- und Abblendlichts, und die Schnürsenkel am Gaspedal fangen das Tanzen an.

Hilde erleidet beim Fahrverhalten ihres Mannes Höllenqualen. Wie eine Statue sitzt sie neben ihm, angespannt vom Scheitel bis zur Sohle, die rechte Hand fest an den Haltegriff geklammert, die Augen starr nach vorne gerichtet. So steuert sie das Auto durch jede Kurve mit. Innerlich zumindest. Vor allem bremst sie. Und zwar rechtzeitig, bevor ihr Heinz auf den Vordermann knallt. Mit beiden Füßen tritt sie vehement auf das imaginäre Bremspedal in ihrem Fußraum.

Heinz, der das aufgeregte Verhalten seiner Frau aus den Augenwinkeln beobachtet, ärgert dies maßlos, sieht er darin doch den Beweis fehlenden Zutrauens seiner besseren Hälfte ihm gegenüber. Er wird schon wissen, was er tut! Und weil ihn das Verhalten seiner Frau gewaltig wurmt, strapaziert er das Nervenkostüm seiner Hilde nun noch mehr, indem er das Tempo weiter steigert. Erdreistet sich Hilde dann, zaghaft zu bitten, er möge doch ihr zuliebe etwas gemäßigter fahren, erreicht die Unstimmigkeit der beiden noch eine andere, höhere Ebene. Jetzt geht es verbal voll zur Sache: »Kannst du nicht ein einziges Mal den Mund halten? *Ich* fahre! Musst du immer deinen Senf dazugeben? Dein Gemeckere hält ja kein Schwein aus!« – »Deine Fahrweise auch nicht! Aber dir ist es ja egal, ob wir verrecken oder nicht.«

Und schon ist der schönste Ehestreit im Gange. Bei jeder Fahrt, die beide gemeinsam antreten und bei der Heinz am Steuer sitzt. Mit schönster Regelmäßigkeit, spätestens nach einem halben Kilometer. Realsatire in Reinform.

Einmal eskalierte so ein Fahrer-Beifahrer-Streit. Als Hilde nicht aufhörte mit ihrer Nörgelei und schließlich lauthals forderte: »Halt an und lass mich aussteigen, ich geh lieber zu Fuß!«, da stoppte Heinz tatsächlich sein Auto. Irgendwo auf der Landstraße. Hilde stieg aus, stapfte am Straßenrand entlang, und Heinz raste weiter. Nach einem Kilometer allerdings drehte er doch schuldbewusst wieder um und sammelte seine vor Wut schäumende Frau wieder ein.

Zu wahren Horrortrips für Hilde werden Fahrten mit ihrem Mann vor allem dann, wenn er bei hoher Geschwindigkeit auch noch in der Gegend herumschaut oder an zahlreichen Knöpfen am Armaturenbrett seines Autos dreht und spielt. Sie blickt dann noch krampfhafter auf die Straße und schreit alle paar Minuten »Pass auf!«, weil ein Fahrzeug entgegenkommt oder ihr Mann auf den rechten Fahrbahnrand zusteuert.

Das bringt ihr natürlich jedes Mal wieder eine scharfe Rüge ihres Ehegatten ein: »Seh ich doch selber!«

Hilde kann auch überhaupt nicht nachvollziehen, wieso ihr Mann wissen muss, welche Staugefahren auf der Autobahn zwischen Herborn und Dillenburg über sein Navigationssystem gemeldet werden (wobei sie gar nicht weiß, wo diese Orte liegen), da er doch gerade zwischen Weiden und Tirschenreuth unterwegs ist. Aber er dreht und dreht an seinen technischen Geräten im Auto und interessiert sich für alles, nur nicht für das Geschehen auf der Straße.

Natürlich hat er auch generell Vorfahrt. Eingebaut gewissermaßen. »Der sieht doch, dass ich komme! Der hat doch auch Bremsen!«

Manchmal versucht sie es dann mit Humor: »Ich habe einen Witz gelesen: Auf einem Grabstein stand: ›Er hatte Vorfahrt.‹«

Einen ganz anderen Fahrstil pflegt Gerd, von Heinz hochnäsig als Sofa-Sonntagsfahrer verspottet. Gesetze im Allgemeinen und Verkehrsregeln im Besonderen sind für Gerd unantastbar. Er würde nie bewusst eine Geschwindigkeitsvorschrift übertreten. Sind in einer Baustelle 80 Kilometer pro Stunde vorgeschrieben, fährt er höchstens 79. Sicherheitshalber. Egal, ob ein anderer Verkehrsteilnehmer hinter ihm blinkt und wettert oder fast den Kofferraum touchiert. Vorgeschrieben ist vorgeschrieben, und da hat sich jeder dran zu halten. Auch der Hintermann. Basta.

Auf dreispurigen Autobahnen setzt er sich grundsätzlich auf die Mittelspur, und da bleibt er. Auch wenn rechts weit und breit kein anderes Auto zu erahnen ist. Aber es könnte ja unter Umständen ein Lkw auftauchen, irgendwann. Im Übrigen hält er genau die empfohlene Richtgeschwindigkeit ein. Was empfohlen ist, ist richtig. Punkt. Ist die Autobahn nur zweispurig, fährt er seiner eigenen Logik folgend eben links. Dauerhaft.

Auch Gerda leidet deshalb oft Höllenqualen als Beifahrerin und übt sich im Fremdschämen für ihren Mann. »Lass ihn halt vorbei! Der hat es eben eiliger!« – »Wieso? Er darf auch nicht schneller fahren!« Gerd bleibt beharrlich auf der linken Spur.

Geht es über Land, entwickelt Gerd eine eigene, schwer nachvollziehbare Philosophie. Er nennt es »ausgeglichenes Verkehrsverhalten«. Das bedeutet im Klartext: Er fährt generell 80 Kilometer pro Stunde, außerhalb von Ortschaften und auch innerhalb. Immer schön gleichmäßig.

Das scheint übrigens ein typisches Alleinstellungsmerkmal so manch eines Mannes der Generation 60+ zu sein. Jedenfalls kann man das häufig beobachten. Gerd wurde deshalb auch schon ganze zwei Mal zur Kasse gebeten, was ihn allerdings nicht weiter grämte, konnte er doch damit bei seinem Freund Heinz tüchtig und nachhaltig punkten. Wegen Schnellfahrens innerhalb einer Ortschaft!

Sieht man aber von der unterschiedlichen Sichtweise in puncto regelkonformes Fahrverhalten ab, so sind sich die beiden Freunde, was das Autofahren angeht, in den meisten Belangen sehr ähnlich.

In dem Augenblick, wo beide sich hinter das Steuer setzen (jeder für sich selbstverständlich), öffnen sich offensichtlich plötzlich alle Garagentore der näheren und weiteren Umgebung, und alle Deppen und Idioten und sonstigen Minderbemittelten fahren gleichzeitig los. Daneben gehen auch noch alle Rhinozerosse, Hirsche und Affen auf Tour. Und besonders so außergewöhnliche Arten wie zum Beispiel das Stinktier geben sich nun die Ehre, die deutschen Straßen just in diesen Augenblicken mitzubenutzen. Und alle fahren postwendend in die gleiche Richtung wie unsere zwei Helden.

»Mach da vorne, dass du endlich weiterkommst, du Schlafmütze!« – »Kann der Idiot denn nicht rechtzeitig blinken?« – »Jetzt gibt das Rindvieh Gas! Er sieht doch, dass ich überholen will!« – »Ja, glaubst du Hanswurst da hinten denn, dass ich dich vorlasse? Da hast du dich aber gebrannt! Ich lass mich von dir doch nicht vollspritzen!« – »Du alte Schachtel hast wohl den Führerschein bei Neckermann gemacht, hä?«

Deppen, Idioten, alte Schachteln, Feindbilder unserer Helden gibt es unzählige, und alle gurken gleichzeitig mit ihnen auf den deutschen Straßen herum. Also muss man das ändern. Man muss die Unfähigen erziehen, sie lehren, ihnen zeigen, wie es richtig geht! Heinz und Gerd schlüpfen automatisch in die Rolle eines guten deutschen Schulmeisterleins, sobald sie den Zündschlüssel herumdrehen.

Gerd hat sich dabei auf Gesten spezialisiert. Blinkt und hupt ihn ein anderer auf der Autobahn weg von der linken Spur, so fummelt er symbolisch mit der Hand vor dem Gesicht herum, wenn der andere vorbeirauscht. Hält einer die geforderte Geschwindigkeitsbegrenzung nicht ein, droht er in strenger Lehrermanier deutlich mit dem Finger. Und wenn Blicke strafen könnten, würden bei jeder Autofahrt Dutzende von anderen Autofahrern in die Hölle flutschen.

Heinz greift zu drastischeren Maßnahmen, um das chaotische Verkehrsgeschehen in Deutschland endlich funktionsfähig werden zu lassen. Sieht er, dass einer wie Gerd auf der Autobahn stur und ohne Not nur die Mittelspur benutzt, so fährt er nach seinem Überholmanöver diesem demonstrativ vor die Nase und sogleich auf die rechte Spur, um mit dem Holzhammer zu zeigen: So musst du fahren!

Ähnlich verfährt er, wenn er sich ausnahmsweise einmal an die vorgeschriebene Geschwindigkeit hält und ein anderer Autofahrer schneller als er sein will. Au weh! Den bremst er dann rigoros aus, indem er ihn nicht nur nicht vorbeilässt, sondern auch noch durch mehrmaliges Drücken auf das Bremspedal sein Missfallen bekundet. Aber vielleicht ist das ja auch nur freundschaftlich gemeint, verhindert er dadurch doch, dass der Mitfahrer in eine Radarfalle rast. So verkauft er sein Verhalten zumindest seiner gestressten Ehefrau.

Genauso dickschädelig verhält sich Heinz übrigens beim Parken. Steht vor ihm ein Autofahrer geduldig vor einer gerade frei werdenden Parkbox an und Heinz kommt daher, stört ihn dieser höfliche Mitmensch herzlich wenig. »Hoppla, jetzt komm ich!« Schon ist er in die Parklücke geflutscht und lässt dem verdutzten Mitkonkurrenten keine Chance. Ganz Typus Hafengauner. Nur Hilde rutscht wieder mal tief in ihren Sitz hinein, wünscht sich das nächste Mauseloch herbei und schwört sich insgeheim bei dem folgenden nicht gerade liebesschwangeren Wortgeplänkel der beiden Kontrahenten, in Zukunft nur noch mit dem Bus in die Stadt zu fahren.

Aber auch bei Gerd gestaltet sich die Parkplatzsuche sehr nervig, allerdings auf völlig andere Weise. Er, der stets auf regelrichtiges Verhalten im Verkehr bedacht ist, parkt grundsätzlich nur da, wo es auch hundertprozentig und millimetergenau erlaubt ist. Nicht einmal die Stoßstange würde er in eine Halteverbotszone ragen lassen. Dabei hat er dazu noch stets das Wohl und Wehe seines Autos im Auge. Der Parkplatz muss so groß und so beschaffen sein, dass sein Auto keinesfalls durch ein anderes Fahrzeug in irgendeiner Form beschädigt werden kann. Deshalb gestaltet sich seine Parkplatzsuche stets äußerst kompliziert, zur Verzweiflung seiner Ehefrau.

»Da vorne ist eine Lücke!«
»Zu eng!«
»Da hinten fährt einer raus!«
»Sehr schmal. Da schlägt mir hinterher ein Nachbar die Tür an!«
»Dort in der Seitenstraße könnte Platz sein!«
»Ich weiß nicht recht. Da sind zu viele Ausfahrten und Radfahrer.«

So kurvt Gerd stundenlang durch die Stadt, bis er endlich einen Paradestellplatz ergattert hat. In der Regel platziert er sich dann in die Mitte von zwei Parkplätzen, damit links und rechts genügend Platz zum Ein- und Aussteigen der anderen Autofahrer vorhanden ist. Solche freien Stellen findet er in der Regel natürlich nur weit vom Schuss, irgendwo in der städtischen Pampa. Mit dem Endergebnis, dass er und seine Gerda nicht nur die Hälfte des Nachmittags mit der Parkplatzsuche vergeuden, sondern nun auch noch geraume Zeit laufen müssen, um dahin zu kommen, wo sie eigentlich hinwollten.

Am meisten ärgert Gerd dabei sein Navigationssystem. Denn alle drei Minuten ertönt bei seinem unschlüssigen Herumeiern durch die Stadt die freundliche Stimme aus dem Lautsprecher: »Ziel erreicht. Das Ziel liegt vor Ihnen.« Was ihm natürlich einen Pfeifendeckel nützt, wenn er sich vor lauter Angst nirgendwo zu parken traut.

Das Navigationsgerät – eine Erfindung für Menschen unflexiblen Geistes und ohne funktionierendes Mundwerk. Und für Männer. Frauen kurbeln das Fenster herunter und fragen nach dem Weg, Männer horchen auf die Stimme aus dem Nichts, auf ihr Navi.

Selbstverständlich besitzen sowohl Gerd wie auch Heinz solch ein kleines Wunderwerk der Technik. Nur gehen beide konträr damit um. Beide schalten das Ding zwar augenblicklich ein, wenn sie in ihr Auto steigen, und geben auch sofort ihr nächstes Ziel ein. Egal, ob sie den Weg zur Lieblingscousine oder zum Friedhof schon hunderte Male gefahren sind und auswendig kennen – heutzutage lässt man sich leiten. »Bitte demnächst rechts abbiegen!« Seit 20 Jahren machen die beiden das zwar so, denn der Friedhof ist seit jeher an gleicher Stelle. Jetzt aber mit Ansage.

Doch nun kommt der Unterschied zwischen den beiden Freunden. Fahren sie einmal eine unbekannte oder weitere Strecke, so folgt Gerd natürlich konsequent der Richtung, die

die Stimme aus dem Weltall befiehlt. Heinz dagegen nicht. Erst recht nicht. »Halt den Mund! Ich weiß doch besser als du, wie ich fahren will!« Und er biegt aus Trotz oder Besserwisserei extra nicht nach rechts, sondern nach links ab. Wobei er sich natürlich zunächst auf der rechten Spur eingeordnet hatte und nun in einem waghalsigen Manöver ganz auf die linke Straßenseite mogeln muss, was folglich wieder zu diversen Scharmützeln mit anderen Verkehrsteilnehmern führt.

Auch Gerd hadert manchmal mit der aufreizend zuvorkommenden Stimme aus dem Autocockpit. Allerdings immer erst im Nachhinein. Dann nämlich, wenn er über Straßen und Wege dirigiert wurde, die entweder zu kurvenreich, zu schmal oder zu dreckig waren. Ungeachtet der Tatsache, dass er die Streckenführung selbst verschuldet hat, weil er zum Beispiel Auskunft über die kürzeste Route verlangt hat. Das größte Donnerwetter muss die dämliche Stimme aus dem Radio aber über sich ergehen lassen, wenn sie ihn völlig in die Irre geleitet hat.

Einmal landete er in seinem blinden Gehorsam direkt am Ufer eines Fischweihers, ein anderes Mal statt bei einem Ausflugslokal in einer Hundeschule. Dann muss auch Gerd sich Luft machen. Schade, dass das seine Befehlshaberin mit außerirdischem Flair nicht hören kann.

Ein weiteres Alleinstellungsmerkmal für Auto fahrende Männer der Generation 60+ ist das Verhalten selbiger an Ampeln. Man kann dies in schöner Regelmäßigkeit beobachten. Trägt der Herr einen Hut und bohrt dabei in der Nase, bis die Ampel wieder auf Grün schaltet, kann es sich mit an Sicherheit grenzender Wahrscheinlichkeit nur um einen Rentner handeln. Und wenn ein Mann, äußerst aufrecht in seinem Gefährt sitzend, mit beiden Händen das Lenkrad fest umklammert und dabei krampfhaft und vergeistigt auf die Ampel stiert, dann auch. Schaltet diese dann auf Gelb, lässt er die Kupplung vor Übereifer so schnell los, dass das Auto entweder einen Sprung vollzieht oder aber der Motor »verreckt«.

Zu der Zeit, als Heinz und Gerd jung waren und die Führerscheinprüfung ablegten, war es noch nicht gang und gäbe oder gar selbstverständlich, dass auch die Frauen dies taten. Auto-, Motorrad- oder gar Lkw-Führerscheine schienen lange Jahrzehnte vor allem dem sogenannten starken Geschlecht vorbehalten zu sein. Männern, die im Gegensatz zu weiblichen Zeitgenossen von Natur aus mit allumfassendem Wissen über Technik gesegnet waren. Männern mit Saft und Kraft. So die landläufige Meinung.

Doch die Frauen emanzipierten sich, wurden freier, forscher und aufmüpfiger. Und machten den Führerschein. Die Männerwelt schien aus den Fugen zu geraten, rotierte und wankte. Frauen am Steuer – das Universum stand still. Eine letzte Bastion der Männer war zerbrochen. Als hätten die Männer Angst gehabt, die Damenwelt würde ihnen davonfahren. Oder aber die Ladys würden ihnen – bildlich gesprochen – das Steuer ab sofort in allen Bereichen des Lebens vollends aus der Hand reißen.

Als nun immer mehr Fahrzeugführerinnen die Straßen bevölkerten, da flüchteten sich die ach so souveränen und heldenhaften Mannsbilder in Ironie und versteckten ihre verletzte Eitelkeit hinter beißendem Spott. Weil ihnen nichts anderes einfiel und sie keine anderen Angriffsflächen hatten. Obwohl nachgewiesenermaßen Frauen das Autofahren genauso gut oder sogar noch besser beherrschen, wurden sie mit Häme überschüttet. Eine neue Witzkultur wurde über Nacht aus dem Boden gestampft. Witze über angeblich völlig überforderte und planlose Autofahrerinnen. Ein Kalauer jagte den anderen. Einer platter und fieser als der andere. Von der Unfähigkeit der Frauen beim Einparken eines Autos bis zum Falschdeuten diverser blinkender Symbole im Armaturenbrett.

Witze und Karikaturen kiloweise. Zum Teil unter die Gürtellinie gehend. Doch die Frauen ließen sich nicht beirren. Sie fuhren, und sie fahren. Auch Hilde und Gerda.

Hilde ist eine ausnehmend sichere und geübte Fahrerin. Sie kutschiert mit dem Auto zum Einkaufen und chauffiert die Enkel durch die Gegend. Weder Stadt- noch Autobahnfahrten schrecken sie oder sind ein Problem. Aber nur, wenn sie alleine fährt, wenn nicht auf dem Beifahrersitz neben ihr eine Nervensäge in Form ihres gestrengen Gatten mitfährt. Dann fühlt sie sich wie bei ihrer allerersten Fahrstunde vor gut einem halben Jahrhundert.

Ihr Heinz beobachtet sie bereits beim Einlegen des ersten Ganges skeptisch. Sein Blick durch die Windschutzscheibe ist so intensiv, als hätte er selbst das Lenkrad zwischen den Fingern. Da dies aber nun nicht der Fall ist, muss er sein Auto mit wortreichen Hinweisen an seine steuerführende Frau dirigieren. »Rechts ist frei! – Grün! – Schalten in den fünften Gang! – Licht einschalten!« Hilde fragt sich immer wieder, wie sie es denn in aller Welt geschafft hat, seit 50 Jahren Tausende von Kilometern unfallfrei durch das Leben zu düsen, ohne stets einen Souffleur neben sich zu haben. Aber sie entgegnet nichts, sondern hält sich beherzt am Lenkrad fest, ist es ihr letzten Endes doch wesentlich lieber, sie fährt selbst, als im Beifahrermodus 1 000 Stoßgebete wegen des Fahrstils ihres Mannes gen Himmel richten zu müssen. Selbst dann, wenn sie mal wieder dem Wortschwall des Besserwissers an ihrer Seite hilflos ausgeliefert ist.

Die Ratschläge von Heinz kommen in der Regel ungefragt. Nur dann, wenn Hilde sie brauchen würde, da bleiben sie aus. Zum Beispiel wenn es darum geht, welche Strecke sie fahren soll, um am besten zu einem bestimmten Ziel zu gelangen. Da reagiert ihr Gatte meist erst, wenn sie die (seiner Meinung nach) falsche Richtung eingeschlagen hat. Kaum hat er sich mit seinem imposanten Gewicht nämlich auf den Beifahrersitz geschwungen, fängt er schon das Spielen mit seinem Navigationsgerät an. Dabei ist es ihm viel zu langweilig, wenn nur die Streckenführung angezeigt wird. Seit es ein neues Modell ist, vermag das erstaunliche Gerät nämlich noch viel mehr. Heinz kann damit auch das Wetter in Bombay, die Nachrichten aus Berlin, den aktuellen Benzinverbrauch oder die Aktienkurse abrufen. Und das tut er nun ausgiebig, während Hilde derweil nach Wegweisern fährt. Aber natürlich sind die in den Augen ihres Mannes falsch. Er weiß es besser. Denn kaum hat sie sich für eine Strecke entschieden, tönt es neben ihr: »Halt! Umkehren! Wir fahren anders!«

Seit fast 50 Jahren bemüht sich Heinz auch, seiner Frau beizubringen, wie man das Auto korrekt in die Garage befördert. Kaum öffnet sich das Garagentor, stellt er die alte Drehorgel-Melodie an: »Weiter links! Du rasierst sonst wieder den Außenspiegel! Das seh ich schon kommen.« Aber das Malheur kommt und kommt nicht, der Außenspiegel ist immer noch an der richtigen Stelle, auch wenn Hilde 365-mal pro Jahr aus der Garage heraus- und wieder hineinfährt.

Doch nicht nur Hilde, auch Gerda steigt nie ungeschimpft aus dem Wagen, wenn sie einmal ans Steuer darf. Sie ist im Gegensatz zu Hilde keine routinierte und perfekte Fahrerin, hat sie doch recht wenig Gelegenheit, ihre Fähigkeiten diesbezüglich zu vervollkommnen. In ihrer Ehe herrscht nach wie vor das Prinzip: Der Mann sitzt am Steuer. Mit einer Ausnahme allerdings: Gehen beide am Abend aus, gilt die Regel: Er fährt hin, sie heim. Die offizielle Begründung lautet: Gerd sieht nachts schlecht. Die Wahrheit ist: Gerd kann nach Lust und Laune dem Alkohol frönen und sich unbekümmert das eine oder andere Bierchen hinter die Binde kippen.

Trotzdem verfällt er selbst des Nachts in das gleiche Schema wie sein Freund Heinz, was die Bewertung der Fahrkünste seiner Frau anbelangt. Es sind immer die gleichen Bemerkungen, die er herausposaunt: »Fahr nicht zu weit links! – Siehst du den Straßenrand rechts? – Du klemmst vielleicht wieder hinter dem Steuer! Gleich pappt die Nase an der Windschutzscheibe!« Und so weiter ... Lässt Gerda einmal die Kupplung nicht rechtzeitig los, kommentiert er: »Fahren, nicht reiten!«

Auch wenn beide Damen, Hilde und Gerda, ab dem Moment, da sie sich ans Steuer setzen, regelmäßig von ihren Männern zur Schnecke gemacht werden, sind sie sich durchaus dessen bewusst, dass ihre entscheidende Autofahrerstunde irgendwann mit Sicherheit schlagen wird. Dann nämlich, wenn ihre Männer auf sie angewiesen sein werden. Die beiden Frauen sind schließlich um einige Jahre jünger als ihre Angetrauten. Und wer will denn schon mit einem 90-jährigen Fahrer durch München oder Hamburg gondeln?

# 7

## *Modegeile und Modemuffel*

Liebe Damenwelt, ausnahmsweise wende ich mich jetzt kurz ausschließlich an Sie. Ist Ihnen eigentlich schon einmal aufgefallen, dass Sie das fortgeschrittene Alter der Herren der Schöpfung in der Regel schon an deren behosten Beinen erkennen können, ohne dabei zunächst auf Bauch, Gesicht oder Haarpracht blicken zu müssen? Das geht ganz einfach: Es liegt an der Farbe der Beinkleider, besonders in den Sommermonaten. Des Rätsels Lösung: Zu 90 Prozent sind die Hosen der Männer der Generation 60+ dunkelweiß bis hellbeige, nur in Nuancen von Arzthosen zu unterscheiden. Kein junger Mann unter 30 würde so eine farblose Hose freiwillig tragen.

Für die Generation 60+ aber sind solche hellen Kleidungsstücke ein Ausdruck für Jugendlichkeit, die ihre nach wie vor vorhandene Dynamik schon äußerlich unterstreichen sollen. Denn so etwas trug man schließlich schon vor 50 Jahren, als man noch stramm und knackig war. Und wenn man nicht nachlassen, sondern vor Saft und Kraft weiterhin strotzen will, so muss man eben weiterhin solche grauenvollen Dinger tragen, bis zum bitteren Ende. Und das mit allem Stolz, dessen man fähig ist.

Auch Heinz und Gerd besitzen weißliche und hellbeige Hosen. Selbstverständlich. Jeder ein halbes Dutzend. Schließlich werden diese für die beiden ja nicht unmodern. Höchstens um den Bauch herum etwas sperrig. Aber dann werden sie augenblicklich durch neue ersetzt, falls man in den Geschäften noch welche findet.

Diese Philosophie, dass die Kleidung bei Männern jeglichen Standes in direkter Beziehung zur entsprechenden Altersgruppe steht, könnte man durchaus auch mit dem Muster der Hemden beweisen.

Beobachten Sie bitte: Die Herren der Generation 60+ tragen meist gestreifte Hemden, blau auf weiß und weiß auf blau oder rot auf weiß und umgekehrt. Gemäß dem Motto: »Je heller die Hose und gestreifter das Hemd, desto reifer der Mann, der darin steckt.« Die Streifen in verschiedenen Stärken und Variationen wölben sich dann meist kugelförmig über dem Hosenbund. Obwohl Streifen angeblich strecken sollen.

Um dieses durchaus vertrauenerweckende Outfit zu komplettieren, fehlen nur noch hellbraune Riemchensandalen oder Schuhe mit geflochtenem Leder. Über hellbraunen oder weißen Socken, versteht sich. Fertig. 60+ zum Verlieben!

Durchaus nicht kongruent sind aber Ausprägungen der Figur deutscher Rentner und Pensionäre. Grundsätzlich können wir zwei Prototypen ausmachen: die Langen und Hageren – und die Kurzen und Dicken. Dazwischen existieren natürlich jede Menge Zwischenformen in allen Variationen und Kombinationen, ist doch klar.

Gerd und Heinz gehören eher zu den Reinformen. Ist Gerd mehr der ersten Sorte zuzurechnen, den Knochigen mit einer für das Alter beträchtlichen Höhe, so zählt Heinz eher zu den kleinen Molligen und »Wamperten«, wie ihn sein Freund manchmal scherzhaft verspottet. Gerd ist unendlich stolz und angetan von seinem Äußeren und stolziert mit erhobenem Haupt durchs Leben; Heinz erträgt seinen etwas ausufernden Körper mit Humor. »Ich bin halt wie ein teures Rennauto: tiefer gelegt mit Breitreifen.«

Beide Männer aber haben Probleme mit dem Kauf von Hosen. Die gängigen Modelle mitteleuropäischer Hersteller scheinen nur für eine spezielle Mischgröße entworfen zu sein. Für Gerd sind jedenfalls alle Hosen von der Stange zu kurz, für Heinz zu lang und wegen der stattlichen Wölbung rund um den Bauch auch zu eng. Folglich gestaltet sich ein Hosenkauf für beide gleichermaßen problematisch.

Gerd löst das unerfreuliche Problem in seiner pragmatischen Art auf beamtengeschulte Weise. Er kauft sich Hosen nur in einem ganz bestimmten Geschäft, und er kauft immer die gleiche Marke. Die Verkäuferin dort kennt ihn und lässt die Hosenbeine jedes Mal verlängern, und das kostenlos. »Das ist Service!«, prahlt er dann bei seinem Freund.

Außerdem legt Gerd gesteigerten Wert auf Gürtel. An die 50 Stück hängen wohlsortiert daheim in seinem Kleiderschrank, von hellbraun bis schwarz, nach dick und dünn, glatt oder gemustert geordnet. Verwenden aber tut er stets nur einen, jeweils den neuesten, weil er zu bequem ist, die Gürtel immer wieder in andere Schlaufen zu fädeln. Aber bei jedem Hosenkauf wird die Gürtelsammlung um ein weiteres Exemplar erweitert.

Heinz hält nicht viel von stylischen Gürteln oder auffallenden Schnallen, sieht man beides ob seiner mittleren Körperfülle ohnehin nicht. Nur stabil müssen sie sein, damit sie sich nicht zu Würsten rollen.

Der Kauf von Hosen für Heinz gleicht jedes Mal einer größeren Katastrophe. Weil er weiß, dass er keine 0815-Hose so einfach erstehen kann, flüchtet er sich monatelang in die stereotype Ausrede: »Ich hab genug. Ich brauche nichts!« Wenn Hilde dann des wochenlangen Drängelns mürbe ist, greift sie zur Selbsthilfe. Sie kauft ganz allein ein neues Beinkleid für ihren Göttergatten und lässt es nach dem Muster einer alten, erprobten Hose ändern. Dann schneidet sie sorgfältig alle Etiketten heraus, knautscht vorsichtshalber ein paar Knitterfalten hinein und hängt die neue Hose statt einer alten still, heimlich und leise in den Kleiderschrank von Heinz.

Irgendwann zieht sie dieser dann auch an und meint triumphierend zu seiner treu sorgenden Ehefrau: »Was du nur immer mit meinen alten Hosen hast! Die ist doch noch bestens in Schuss!«

Muss er einmal notgedrungen mit zum Kleiderkauf, weil er für ein Familienfest einen komplett neuen Anzug braucht, so ist er schon Tage vorher unausstehlich. Allein schon deshalb, weil er drei Tage vor dem Großereignis nichts mehr isst, in der trügerischen Hoffnung, bis zum Tag X noch einige Kilos abnehmen zu können. Na ja, auch wegen der jungen Verkäuferin, die jedes Mal als Erstes seinen Bauchumfang misst und vor der er sich geniert. Deshalb zieht er auch beim Vermessen kräftig den Bauch ein. Wenn sie ihn dann gemäß dieses verfälschten Maßes in eine viel zu enge Hose steckt und er sich zähneknirschend im Spiegel betrachtet, fühlt er sich wie eine abgebundene, zu feist geratene Blutwurst. Voller Selbstironie und aufgesetztem Charme versucht er dann, mit flotten Sprüchen die Situation zu entschärfen und sein Ego aufzupolieren: »Hat alles mein Geld gekostet!« Oder: »Da sieht man mal: Niemand spricht von einem fröhlichen, langen Dürren, aber alle von einem lustigen kleinen Dickerchen.«

Es folgen sämtliche ausreichend bekannten Witzattribute über Männerbäuche, vom Hähnchenfriedhof bis zum Schaukelsitz für die Enkelkinder. Kommt die Schneiderin mit dem Nadelkissen, um die Hosenbeine um einen gefühlten Meter zu verkürzen, gehen die Scherzfloskeln in die nächste Runde. »Meine Beine sind halt zu kurz geraten. Dafür steh ich aber fest im Leben! Hahaha!«

Das beweist er auch gleich, indem er die Regie für das Ändern übernimmt und der Schneiderin trotz deren vehementen Einspruchs seine gewünschte Länge – besser gesagt: Kürze – angibt. »Kürzer! Kürzer! Noch kürzer!« – »Aber dann sind es doch Hochwasserhosen!« Es nützt alles nichts. Heinz ist, was die Länge der Hosen angeht, absolut beratungsresistent und kommt jedes Mal mit Hosen aus dem Geschäft, die schon über den Knöcheln enden.

Seit einigen Jahren hängen auch Jeans in den Schränken von Heinz und Gerd und nehmen gegenüber den Stoffhosen überhand. Das hat aber weniger damit zu tun, dass sie sie bequem oder schick finden, nein, das ist ein Tribut an den jugendlichen Touch dieses Bekleidungsstückes. Aber selbstverständlich wird jede Jeans von der Ehefrau gebügelt. Seit sie von einem jugendlichen Verkäufer einmal böse verspottet wurden, allerdings ohne Bügelfalte.

Überhaupt halten beide – Heinz etwas verhaltener – danach Ausschau, was junge Männer heutzutage so zu tragen pflegen. Männer um die 30. So, wie sie sich fühlen. Dann kann es ab und zu schon mal vorkommen, dass sie sich geschmacklich total vergreifen. Gerd bei den Hosen und Heinz bei den Hemden.

Gerd liebt es, wenn seine Hosen sehr eng anliegen, fast wie eine zweite Haut, was Gerda des Öfteren zum Einschreiten zwingt. »Du siehst aus wie ein Schwuli auf Brautschau!« Also runter mit den Fast-Leggins und normale Hosen aus dem Regal geholt!

Alle paar Jahre wieder erklimmt Cordsamt aufs Neue einen Spitzenplatz in der Beliebtheitsskala der Stoffe bei diversen Modeschöpfern. Hosen oder Jackets aus dem samtenen Stoff gelten eine Saison lang als letzter Schrei und füllen Schaufenster und Kaufhäuser aller Preisklassen. Vom Billigkaufhaus bis zum Schickeria-Tempel.

Heinz und Gerd haben dank der vielen hinter ihnen liegenden Lebensjahre diesen Modetrend schon etliche Male durchlaufen. Allerdings springt nur einer der beiden Herren jedes Mal euphorisch auf diesen Modezug auf: Gerd. Kaum steckt die erste Schaufensterpuppe in einem Anzug aus Cordsamt, zieren auch schon Hosen aus diesem besonders anschmiegsamen Stoff die langen Beine des modegeilen Edelpensionärs. Kommt er dann damit zum Stammtisch anmarschiert, stolz wie ein Gockel auf einem Gutsherren-Hühnerhof, wird er garantiert mit beißendem Spott empfangen, und zwar von seinem Freund Heinz: »Manchesterhosen! O Gott, o Gott! Cordsamt, pah, Manchester! So haben die Dinger früher geheißen! Wie kann man so etwas anziehen! Manchester! Unsere Väter und Großväter haben so etwas zur Arbeit angezogen! Für die Feldarbeit! Zum Misten! Manchesterhosen! Arbeitshosen!«

Gerd lässt sich allerdings nicht irritieren. Mit einem mitleidigen Blick und abfälligem Grinsen mustert er seinen Freund von der Gürtellinie bis zu den Knöcheln. »Allemal besser als deine altmodischen Flatterröhren!«

Bissige Frotzeleien vonseiten seines Freundes Heinz muss sich Gerd auch gefallen lassen, wenn er seinen Pullover lässig über Schulter und Nacken hängt. »Warum baumeln deine Pulloverärmel denn über deiner Brust herum? Sind sie zu eng für deine Arme? Oder hat Gerda den Pullover zu heiß gewaschen, dass er nicht mehr passt?«

Heinz steht auf Muster und bunte Farben. Allerdings nur bei der Auswahl seiner Oberteile. So passiert es von Zeit zu Zeit, dass er mit einem quietschgrünen T-Shirt oder einem Hawaii-Hemd mit grünen Palmen, das er zufällig in irgendeinem Schaufenster entdeckt hat, daheim antanzt. Hilde schlägt dann regelmäßig die Hände über dem Kopf zusammen, sagt aber nichts dazu, weiß sie doch schon aus Erfahrung, wie sie mit dem Desaster umzugehen hat. Im Laufe der Zeit lösen sich diese exotischen Errungenschaften nämlich auf wundersame Weise in nichts auf, sprich: Sie landen beim Roten Kreuz.

Heinz hat den Einkauf sowieso irgendwann vergessen und in den Akt »Erledigt« einsortiert, und Hilde würde den Teufel tun, ihr nicht ganz koscheres Vorgehen einzugestehen. Fragt Heinz allerdings nach geraumer Zeit doch einmal nach: »Ich hatte mir doch da mal ein Hemd gekauft ...?«, dann lügt Hilde das Blaue vom Himmel herunter. »Ich glaube, das ist noch in der Wäsche« oder »Da ist mir beim Bügeln ein Knopf abgegangen. Den muss ich erst annähen.« Damit ist die Sache für den Moment vom Tisch, und in der nächsten Sekunde hat Heinz sein Hemd sowieso schon wieder vergessen.

Eine große Leidenschaft hat Heinz allerdings: Er hat einen Uhrenfimmel. Mindestens alle zwei Jahre leistet er sich eine neue Armbanduhr. Die schenkt er sich selber immer zu Weihnachten, denn Hilde hat dafür keinen Sinn. Erstens sind ihr Uhren seines Geschmacks zu teuer, und zweitens sehen für sie alle irgendwie gleich aus: rund, silber, Kettenarmband. Ein Dutzend davon hat er schon, Markenuhren natürlich, gehobene Preisklasse, alle wuchtig und von gewaltigem Ausmaß mit möglichst vielen Rädchen zum Spielen daran. Stoppuhrfunktion zum Beispiel oder Weltzeitabfrage oder Tiefseeeignung. Alles Funktionen, die Heinz unbedingt braucht für sein tägliches Leben.

Zurzeit ist er gerade auf der Suche nach dem neuesten Schrei: Uhren, mit denen man telefonieren und das Internet abrufen kann. Leider hat er noch keine gefunden, die auch seinen Ansprüchen an Ästhetik entspricht.

Wenn Heinz ausgeht, führt er seine neuesten Errungenschaften geschickt auffällig unauffällig vor. Er legt seinen beuhrten Arm für alle gut sichtbar neben sein Weinglas und dreht sein Handgelenk immerzu in günstiges Licht, damit auch ja jeder rein zufällig seine neueste Trophäe funkeln sieht. Weil aber die meisten seiner Freunde eher den Uhrenbanausen zuzurechnen sind und weil für sie alle Uhren gleich aussehen, schenken sie zu seinem Leidwesen der Demonstration seines Selbstwertgefühls wenig Beachtung.

Eine weitere unergründliche Liebe von Heinz gilt Lederjacken. Mit möglichst vielen Taschen, Einsteckfächern, Reißverschlüssen und Knöpfen dran. Lauter Firlefanz. Wie einst bei Elvis Presley. Die Fächer nützt er zum Verstecken seiner diversen Utensilien. Dann geht er jedes Mal auf die endlose Suche in den Untiefen dieser Höhlen, braucht er nun seinen Autoschlüssel oder seine Brille oder seinen Geldbeutel.

Hilde findet diese Jacken nicht nur deswegen schrecklich, sondern auch weil sie ihren Heinz noch breiter erscheinen lassen. »In diesen Motorradklamotten siehst du aus wie eine Tonne!«

Doch Heinz ist auch nicht immer glücklich damit, was seine Hilde so trägt. Dann übt er Rache! Von Natur aus auch nicht mit stattlicher Länge gesegnet, sondern ihrem Ehemann angepasst, liebt Hilde trotzdem kurze Röcke. Ihrer Beine wegen. Diese sind nämlich trotz ihres Alters noch krampfadernfrei, relativ gut geformt und makellos. Hat sie sich deshalb aber wieder einmal in einen teenagermäßig kurzen Rock gezwängt und führt diesen ihrem Ehemann vor in Erwartung seiner grenzenlosen Bewunderung, pfeift Heinz nicht vor Begeisterung, sondern verdreht entsetzt die Augen. »Unmöglich! Damit gehe ich nie und nimmer mit dir auf die Straße! In deinem Alter! Unten Lyzeum und oben Museum!«

Für Gerd versteht es sich von selbst, dass er nur zu Markenartikeln der gehobenen Klasse greift. Billigware kommt für ihn nicht in Frage. Das ist er seinem Image als besseres Mitglied der Gesellschaft mit Anspruch auf Pension schließlich schuldig. Er achtet peinlich genau darauf, dass das Logo der Markenfirma deutlich für alle sichtbar ist. An der Brusttasche oder an den Manschetten der Hemden zum Beispiel.

Während seines Berufsalltags war Gerd gezwungen gewesen, mit Schlips und Kragen bei der Arbeit zu erscheinen. Wie oft hat er deswegen geflucht und sich geschworen, sich in seinem Pensionsalter nie mehr von so einem »Halsstrick« geißeln zu lassen. Doch jetzt fühlt er sich ohne dieses Band um den Hals gar nicht so recht wohl in seiner Haut. Gewissermaßen nackt. Also greift er zum neuesten Modetrend: Schals für Männer. Locker um den faltigen Hals geschlungen, geben sie ihm durchaus ein fesches, fetziges Aussehen, besonders wenn sie farblich auf Hemd und Jacke abgestimmt sind. Dann stolziert er wie ein Gockel auf dem Mist durch sein Städtchen, innerlich mindestens um zehn Jahre verjüngt.

Heinz kann sich solch einen modischen Schnickschnack um seinen zu kurz geratenen Hals nicht erlauben. »Mein Kopf ist eben unter Umgehung des Halses direkt auf den Rumpf aufgesetzt worden.« Um dieses Manko etwas auszugleichen, lässt er gerne die oberen Knöpfe seines Hemdes offen stehen. Ein Schwanenhals entsteht dadurch aber noch lange nicht, besonders wenn sich die grau melierten Brusthaare aus der Hemdöffnung kräuseln.

Der Bequemlichkeit halber trägt Heinz zu Hause am liebsten Trainingsanzüge. Schon des Hosenbundgummis wegen, das seine wohlgeformte Mitte nicht einschnürt. Hilde muss nur aufpassen wie ein Schießhund, dass er ihr nicht mal entwischt und sich mit den ausgeleierten, 20 Jahre alten, undefinierbaren Baumwollröhren in die Öffentlichkeit wagt.

Auch nimmt es Heinz mit der Sauberkeit seiner Kleidung nicht ganz so ernst. Besonders beim Mittagessen ist er ein ausgewiesener Kleckerer vor dem Herrn. Allerdings ist er dann zu faul, um sich umzuziehen. So kann man unter Umständen die Speisekarte von Hildes Mittagstisch noch am Abend von seinem Hemd ablesen und manchmal sogar noch am nächsten Tag, wenn er vergisst, das Hemd zu wechseln. Dann aber tritt Hilde energisch auf den Plan.

Völlig von den Socken ist sie aber, wenn er ein- und dasselbe Hemd gleich drei oder vier Tage hintereinander anzieht.

Dann muss Hilde rubbeln und rubbeln, um die Ränder des Kragens wieder halbwegs sauber zu bekommen.

Apropos Socken. Jede Hausfrau kennt das Phänomen der verschwundenen Socken. Bei jedem zweiten Waschgang fehlt irgendeine, und im Schlafzimmer, in irgendeinem stillen Eckchen, dämmern die übrig gebliebenen Einzelstücke traurig dahin und fristen ein einsames, ungebrauchtes Dasein. Singles sozusagen, denen der Partner frühzeitig abhandengekommen ist und nie wieder auftaucht.

Auch in den Haushalten von Heinz und Gerd ist das so. Allerdings gehen die beiden befreundeten Ehepaare völlig konträr mit dieser geheimnisvollen Erscheinung um.

Heinz und Hilde nehmen dieses Kuriosum nicht gleich bierernst und stecken schon mal zwei Socken zusammen, die eigentlich gar nicht zueinander passen. »Wie im wirklichen Leben auch«, philosophiert Hilde über diese Socken- und Lebenseinstellung. »Wie bei so manchen Ehepaaren! Aber unter dem Hosenbein sieht das ohnehin kein Mensch, fast wie in der Wirklichkeit. Wer weiß, was da alles zugedeckt wird.« Voraussetzung ist allerdings, dass alle Socken, die Hilde kauft, irgendwie ein bisschen gleich aussehen, zumindest, was die Farbe angeht.

Anders bei unserem Perfektionisten Gerd. Er bildet sich ein, eine hundertprozentig funktionierende Strategie entwickelt zu haben, dass das, was zusammengehört, auch zusammen bleibt. Zumindest bei Socken. »Schließlich«, so argumentiert er, »sind beide miteinander eingelaufen, gewissermaßen miteinander alt geworden.«

Folglich kauft Gerd immer Sockenpaare mit unterschiedlichem Muster, jedes Paar mit einem anderen. Gewissermaßen mit Eheringen versehen. »So lassen sie sich viel leichter sortieren!«

Dass selbst bei diesem logistisch-akribischen Kraftakt immer wieder mal ein Teil sozusagen flöten geht, ist für ihn eines der ewigen Rätsel der Menschheit. Aber er hat ja genug von solchen Dingern, kauft er sich doch in jedem Urlaub mindestens fünf Paar neue, da Socken überall billiger zu haben sind als in Deutschland. Meint er jedenfalls. Und so genau schaut ja auch niemand auf die Füße. Also müssen die Socken nicht unbedingt von Joop oder Boss sein.

Dazu schenkt ihm Gerda zu jedem Weihnachtsfest die drei üblichen SOS-Geschenke: Schlips, Oberhemd und eben Socken. Folglich quillt der Sockenschub über, und Gerda muss nach jeder Wäsche den Sockenberg ordentlich zusammenquetschen, damit sich der Schub überhaupt noch schließen lässt.

Nicht spaßen lässt Gerd mit sich, wenn es sich um seine Haarpracht handelt. Da ist seine Eitelkeit grenzenlos. Zugegeben, sein Kopfschmuck ist tadellos in Ordnung, zeigt er doch trotz Glatzen bildenden Alters keinerlei verräterische Lücken, und die Farbe der Haare ist durchgehend reinweiß. Es lohnt sich also durchaus, diese Mähne zu hegen und zu pflegen. Und das tut Gerd ausgiebig, ist er sich dieses Vorzugs doch durchaus bewusst. Nie verlässt er das Haus, ohne noch einmal in den Spiegel zu sehen und mit dem Kamm seinen Scheitel akkurat nachzuziehen. Wie mit dem Lineal.

In seinem Teil des Badschrankes häufen sich auch Töpfchen und Tuben, Flaschen und Spraydosen für die Haar- und Körperpflege, besser gesagt Körperkultur. Meist mit der Aufschrift »Vermindert Falten« oder »Gegen Alterung der Haut« oder »Verleiht jugendliche Frische«. So schmiert er sich also täglich morgens und abends alle möglichen Salben und Lotionen um Augen, Mund und Nase und sprüht sich rundherum mit mehr oder weniger intensiv duftenden Essenzen ein.

Gerda schaut diesem oft schon narzisstisch anmutenden Schönheits- und Jugendwahn ihres Gatten meist lächelnd zu und denkt sich im Stillen: »Das hilft ja eh nichts mehr!« Riecht man ihn jedoch schon lange, bevor er um die Ecke kommt, und das nach allen Düften des Orients, dann rümpft sie schon mal die Nase und wagt es, vorsichtig anzumerken: »Du duftest heute wieder einmal wie ein ganzer Blumenladen, drei Meter gegen den Wind.«

Natürlich rasiert sich Gerd auch zweimal am Tag und findet Drei-Tage-Bärte absolut unhygienisch. Ganz abgesehen von Schnauzern oder gar längeren Bärten. In Vollbärten vermutet er Flöhe und »in Schnauzbärten bleiben Bierschaum und Rührei kleben. Buh, wie unappetitlich!«.

Einen nicht zu unterschätzenden Vorteil allerdings hat diese morgendliche Intensivpflege für Gerds Frau Gerda – dauert sie doch so lange, dass Gerda nicht nur mit ihrer eigenen Morgentoilette längst fertig ist, sondern auch den Kaffeetisch bereits gedeckt hat, bis ihr duftender und gestylter Ehemann aus dem Badezimmer auftaucht.

Etwas anders sieht die Wertschätzung des eigenen Körpers bei Gerds Freund Heinz aus. Zwar duscht und rasiert sich dieser auch jeden Tag, doch von Schönheitsmittelchen aller Art will er nichts wissen. Kommt Gerd einmal wieder übermäßig duftend und mit Gel im Haar daher, zischt er, für diesen gut hörbar, in dessen Rücken schon das eine oder andere Mal: »Lackaffe!«

Nur auf die Haarpracht seines Freundes ist er etwas eifersüchtig, lichtet sich seine eigene doch schon seit etlichen Jahren, und das Jahr für Jahr mehr. Seine Haarfülle scheint sich umgekehrt proportional zum Bauchumfang zu entwickeln. Also versucht er, auf seine Weise gegenzusteuern. Er zieht die spärlich übrig gebliebenen Fäden von einem Ohr zum anderen und klebt sie dort mit Pomade fest. So erweckt er zumindest den Anschein, dass er vom Glatzenalter noch weit entfernt sei. Ansonsten erschöpfen sich seine schönheitstechnischen Hilfsmittel in einem vorsintflutlichen Rasierapparat und einem Nasenhaarschneider.

Als bei einem gemeinsamen Treffen mit alten Schulfreunden eine heftige Diskussion darüber entbrannte, dass die Werbung nun auch die Körperpflege für Männer entdeckt habe, war sein lakonischer Kommentar: »Also, früher hatte man nur Kernseife. Das hat genauso gereicht. Keiner war verdreckt!« Und als einer der Männer, der schon lange Witwer ist, auch noch zugab, dass er sich die Haare färbe, um nicht gar so alt und grau auszusehen, da flippte Heinz schier aus. »Wie? Du spinnst wohl! Glaubst du denn, eine 30 Jahre Jüngere damit ins Bett zu kriegen? Haha! Schau doch mal dein Gesicht im Spiegel an! Dass ich nicht lache!«

Als daraufhin sein Gegenüber säuerlich konterte: »Und dir wünsch ich, dass du mal so alt wirst, wie du jetzt schon aussiehst!«, da war der Abend gelaufen.

Selbst Fußpflege lehnt Heinz mittlerweile ab. Als er nämlich wegen eines Hühnerauges zur Behandlung gegangen war, hatte die Kosmetikerin sich auch an seinen zugegebenermaßen starken Zehennägeln versucht und ihn dabei so geschnitten, dass er tagelang nur in Schlappen laufen konnte. Also säbelt jetzt wieder Hilde an seinen Zehennägeln herum.

Etwas besitzt Heinz allerdings, was Gerd nicht hat: einen halben Schrank voller sogenannter Gartenhosen und -jacken. Gerd hat so etwas deshalb nicht, weil er in Ermangelung eines eigenen Gartens so etwas auch nicht braucht. Sind Kleidungsstücke bei Gerd unmodern oder verschlissen, landen sie in Sammelstellen für einen guten Zweck, bei Heinz dagegen zunächst in seinem Schrank für Gartenklamotten. So kann es dann schon sein, dass man Heinz, mit schwarzem Jackett und weißen Hosen angetan, den Rasen mähen sieht. Sehr zum Ergötzen der gesamten Nachbarschaft.

# 8

## *Alte Geizkragen*

»Geiz ist geil« – ein blöder Spruch, der seit Jahren die Runde in unserem Lande macht, quer durch alle Bevölkerungsschichten, quer durch alle Medien. Was, bitte schön, soll am Geiz geil sein? Und besonders am Geiz von Rentnern? Aber gerade die sind häufig von dieser Todsünde betroffen, wobei es weiß Gott nicht alle von ihnen nötig hätten.

Um es klarzustellen, die Rede ist hier nicht von alten Menschen, die mit einem Minimum an Geld ihr monatliches Auskommen sichern und jeden Cent umdrehen müssen. Die Rede ist von unseren beiden Freunden Heinz und Gerd, zwei deutschen 0815-Rentnern, präzise ausgedrückt: einem Rentner und einem Pensionär.

Reich im ursprünglichen Sinne des Wortes sind beide Herren nicht, aber von Altersarmut sind sie meilenweit entfernt. Vor allem einer der beiden Freunde hat sich jedoch das Leitmotiv »Geiz ist geil« seit dem ersten Tag seines »Ruhestands« als Lebensmotto auf die Fahne geschrieben, und zwar Gerd, der Pensionär.

Er war während seines Berufslebens im Bankenwesen tätig gewesen und mit Zahlen bestens vertraut. Ab der ersten Stunde seines Nichtmehrberufslebens sah er es daher als Selbstverständlichkeit an, auch im Privatleben komplett das Zepter über das gesamte Finanzwesen der Familie zu übernehmen, gewissermaßen als ausgewiesener Profi. Seine Frau Gerda wurde diesbezüglich rücksichtslos entmachtet.

Als Erstes führte er eine Buchhaltung für den Haushalt ein, und zwar per Computer. Mit einem speziellen Excel-Programm. Von irgendwelchen weltfremden Ehemännern programmiert, erfasst er seitdem alle Daten seines Zweipersonen-Haushalts und die seines Hundes Blacky. Jedes Gramm Wurst und jede Scheibe Käse wird genauso akkurat registriert wie jede Packung Hundefutter oder jede Rechnung für Strom oder Fußpflege. Die Daten werden täglich ergänzt, aktualisiert, kontrolliert und gesichert. Damit aber auch ja kein Cent in irgendwelchen dunklen Kanälen verschwindet, werden alle Quittungen und Rechnungen vorsichtshalber zusätzlich noch in einer Schuhschachtel gesammelt und alphabetisch sortiert.

Wenn dann am Monatsende auf der Haben-Seite mehr steht als auf der Seite mit den Kosten, dann strahlt er, als ob er zum nächsthöheren Abteilungsleiter der Finanzbuchhaltung eines Großkonzerns befördert worden wäre. Zeichnet sich aber gegen Ende des Monats ab, dass das von ihm errechnete Budget nur knapp reichen würde, so muss sich Gerda haushaltstechnisch mit großen Einschränkungen dem Monatsende entgegenquälen. Der Kauf eines teuren Olivenöls muss dann eben verschoben werden, und statt Rinderfilet kauft sie für den Sonntagabend Leberwurst.

Jammert sie deswegen, wird ihr die Liste seines Computers vorgeführt und jede Ausgabe einzeln bewertet und durchdiskutiert. »Die Unkosten werden immer mehr!«, entfährt es Gerda. Au, dieses Wort hätte Gerda besser nicht gebrauchen sollen, zeigt es dem ehemaligen Bankangestellten doch wieder einmal überdeutlich, welch schlichten Geistes seine bessere Ehehälfte nach seiner geschätzten Meinung in Sachen Finanzen ist. »Unkosten!«, empört er sich. »Wie oft habe ich dir schon gesagt, dass es nur Kosten gibt! Kosten! Unkosten – so ein Quatsch! Das wäre ja dann das Gegenteil von Kosten!«

»Als ich als Verkäuferin gearbeitet habe, hieß es noch Unkosten. Punkt.« Gerda stellt sich auf stur.

Doch der Platzregen, der nun auf sie niederprasselt, lässt nicht auf sich warten. »Genau deswegen haben wir es zu nichts gebracht! Weil du keine Ahnung von Geldgeschäften hast!«

Was nun folgt, kennt Gerda bis auf das kleinste Detail. Fast ein Ritual. Monatlich einmal erprobt. Eine ganze Litanei ihrer angeblichen Versäumnisse der letzten 40 Jahre in puncto Haushaltsführung ergießt sich in regelmäßigen Abständen über die Arme. Erst ihr schüchterner Einwand, dass es vor Jahren eben nicht möglich war, einen Stromanbieter so lange zu wechseln, bis man den günstigsten Tarif herausgeschunden hatte, wie es ihr in allen Geldsachen ausgefuchster Ehegatte ja Gott sei Dank könne, versöhnt den Aufgebrachten jedes Mal aufs Neue. Er schnauft ein paar Mal tief durch, wohl wissend, dass Gerda beim nächsten Mal erneut »Unkosten« sagen wird.

Strom, Wasser und Heizung, das sind die drei besonderen Reizthemen zwischen Gerda und Gerd.

Dass ihr Ehemann die Kosten für Benzin niedrig halten will und auch beim Einkaufen auf Sparsamkeit bedacht ist, das lässt sich Gerda ja noch gefallen. Wenn sie aber in ungemütlichen kalten Räumen sitzen soll, nur um Heizung zu sparen, dann hört bei ihr der Spaß auf. Dann kann die ansonsten so Geduldige und Sanftmütige zur Furie werden.

Mit dem Eintritt ins Rentenalter beschloss Gerd, dass 19 Grad Wärme im Haus tagsüber genügen würden. Egal, ob Frühjahr, Sommer, Herbst oder Winter. Er fixierte also alle Thermostatventile genau auf diese Temperatur. Dazu programmierte er die Heizung so, dass die Nacht bereits um 19.00 Uhr beginnen, dafür aber erst um 7.00 Uhr frühmorgens enden würde. Im Klartext bedeutet dies, dass wegen der nächtlichen Temperaturabsenkung das Warmwasser am Morgen nicht mehr zum Duschen für beide reicht, was aber ohnehin nicht mehr möglich ist, weil besonders im Winter das Badezimmer in der Frühe noch einer Kältekammer gleicht.

Setzen sich beide in der kalten Jahreszeit dann am Abend im Wohnzimmer vor den Fernsehapparat, fängt Gerda augenblicklich zu frieren an. Die Ungemütlichkeit im Zimmer kriecht von den Zehen- bis zu den Fingerspitzen. Im Laufe der Jahre überträgt sich diese frostige Atmosphäre zunehmend wie ein grippaler Infekt auch auf die Laune der beiden. Ungezwungenes Miteinander? Fehlanzeige! Will Gerda die Heizung etwas höher stellen, verbietet es ihr der gestrenge Ehemann. »Zieh halt eine Jacke an! Oder du nimmst eine Decke!« Zum Weihnachtsfest überraschte er sie dann tatsächlich einmal mit einem monströsen Traum aus Mohair, für den man wochen- und monatelang ordentlich hätte heizen können.

Anfangs begründete Gerd diesen Heizungssparwahn scheinheilig mit Umweltschutz. Öl, der wichtige Rohstoff, der nur noch wenige Jahrzehnte reichen würde, müsse erhalten werden. Und dazu leiste er den alles entscheidenden Beitrag.

»Papperlapapp, dir geht es einzig und allein ums Geld!« Gerda zog hörbar die Luft ein.

Gerd verschloss sein Gesicht. »Wenn alle mit der Welt so rücksichtslos umgehen würden wie du, würde die Welt bald zugrunde gehen!«

Doch Gerda gab nicht nach, der Streit eskalierte. Da rutschte Gerd ein fundamental böser Satz heraus: »Wer von uns hat denn ein Leben lang gearbeitet und bekommt nun so eine anständige Pension? Ich doch wohl! Also bestimme auch ich, wofür unser Geld ausgegeben wird!«

Damit traf er seine Frau ins Mark. Sie hatte als Verkäuferin in einer Bäckerei gearbeitet, bis das Geschäft schloss und Gerda keinen adäquaten Job mehr bekam und die letzten Jahre ihres Ehelebens nur noch Hausfrau war. Dementsprechend niedrig war nun ihre Rente. Seit jenem unter die Gürtellinie gehenden Streit der beiden jammert Gerda jedenfalls nicht mehr unterwürfig wegen eines kalten Wohnzimmers, sondern faucht wie eine Wildkatze, wenn sie wieder einmal fröstelt.

Einmal hatte Gerd es mit der Heizungsphobie allerdings übertrieben, und das sollte ihn teuer zu stehen kommen. Es war ein bitterkalter Winter. Minus 20 Grad. Hinter dem Schlafzimmer befand sich ein keiner Abstellraum, direkt an der Hauswand. Gerd drehte den Heizkörper total ab. Die Folge war: Die Wasserrohre, die dort entlangliefen, froren ein und platzten, und die Bescherung in seiner Wohnung wie in der Wohnung unter ihm war gewaltig. Die Rechnungen, die von verschiedenen Handwerkern daraufhin ins Haus flatterten, waren entsprechend. Glück im Unglück, dass die Versicherung den Großteil des Schadens übernahm.

Gerd lässt Gerda auch immer wieder unterschwellig spüren, dass sie wenig zum gemeinsamen Vermögen beigetragen hat. Bei jedem Paar Schuhe, das sie sich kaufen will, hat sie ein schlechtes Gewissen. Immer hat sie das entwürdigende Gefühl, Rechenschaft abgeben zu müssen. Wenn jedoch Gerd wieder einmal Geld übrig hat, kauft er sich davon prompt etwas nur für sich selbst. Ein neues Fahrrad zum Beispiel oder neue Langlaufski. Dann wundert er sich, dass sich Gerda nicht gebührend und himmelhoch jauchzend mit ihm freut.

An oberster Stelle seiner Haushaltsknickrigkeit steht auch der geizige Umgang mit Strom. Ein weiteres Thema mit atomarer Sprengkraft zwischen den lang gedienten Eheleuten, das besonders Gerda das eine oder andere Mal schon an den Rand der Verzweiflung gebracht hat. Als Hauptobjekte dieses Sparwahns müssen alle elektrisch betriebenen Haushaltsgeräte herhalten.

Solange ihr Mann berufstätig und sie noch »Herr im Hause« war, konnte sie die Waschmaschine bedienen, wann und wie oft sie wollte. Wenn sie der Meinung war, dass sie ein bestimmtes Stück Wäsche brauchte, wurde selbiges eben in die

Maschine gesteckt, auch wenn sich die Trommel nur allein für dieses eine Stück drehen musste.

Diese goldenen Zeiten sind ein für alle Mal vorbei, seit Gerd offensichtlich gemerkt hat, dass die Waschmaschine nicht nur Wasser, sondern auch noch Strom braucht. Au weh! Nun kontrolliert er genau, wie oft sich Gerda erdreistet, die Waschmaschine in Gang zu setzen. »Die ist ja schon wieder halb leer! Kann man denn nicht warten, bis genügend Wäsche für eine Trommel zusammengekommen ist?«

Nein, kann man eigentlich nicht, wenn man am nächsten Tag eine ganz bestimmte Bluse anziehen will.

»Dann zieh halt eine andere an. Dein ganzer Schrank ist vollgestopft mit Klamotten!«

»Aber genau diese Bluse will ich haben. Außerdem wird die Bluse nur im Feinwaschgang gewaschen. Das dauert nicht lange. Ich kann doch nicht wochenlang warten, bis ich mehr solche Stücke zusammenhab und es sich deiner Meinung nach lohnt, überhaupt zu waschen.«

»Dann wasch die blöde Bluse eben mit der Hand!«

Gerda kocht vor Wut. »Wofür brauch ich dann überhaupt so eine Maschine?«

Kaum merkt Gerd, dass Gerda sich in Richtung Waschmaschine begibt, schon steht er neben ihr, wie von Geisterhand hergelotst, die Hände wie zum Kampfangriff in die Hüften gestemmt. Dann passt er mit Argusaugen auf, welches Programm seine Frau einschaltet. »Da genügen doch 60 Grad! So dreckig ist die Wäsche ja nicht!«

»Aber ich will meine Unterwäsche heißer waschen! Das hat sogar der Arzt empfohlen!«

»So ein Quatsch! Bei 60 Grad wird sie genauso sauber. Außerdem reicht es, wenn du auf kurz oder halb stellst.« Und schon fummelt er am Programmschalter herum. »Dafür gibt es schließlich die Stromspartaste!«

Irgendwann ist die Wäsche fertig. Dann folgt der nächste Akt: die Bedienung des Wäschetrockners. »Jetzt trocknet der schon eine Stunde lang! Weißt du denn, was der für Strom frisst?« Gerd schaltet mit schöner Regelmäßigkeit den Trockner aus, bevor er fertig ist. Dann hängt er die natürlich noch feuchte Wäsche überall in der Wohnung auf oder verteilt sie auf allen Sesseln des Wohnzimmers. Zum Nachtrocknen.

»Wie bei Hempels! Nur nicht unter, sondern auf dem Sofa!«, schimpft seine Frau dann. »Außerdem werden die Handtücher bretthart!« Keine Chance. Sie trifft auf taube Ohren.

Mittlerweile schleicht sich Gerda, wenn sie waschen will, das eine oder andere Mal heimlich, still und leise zur Haushaltswäsche, oder aber sie nutzt jede freie Minute, die Gerd nicht im Haus ist, um ihre Maschinen in Gang zu setzen.

Gleiches Spiel bei der Geschirrspülmaschine. Allerdings diesmal gleich auf drei Kampfebenen: Strom, Wasser und Geschirrspülmittel. »Die zwei Tassen kann man doch mit der Hand abspülen! Das ist doch wirklich keine große Arbeit!«

»Natürlich«, denkt Gerda, »man kann alles, wenn man will.«

Schon räumt Gerd die Tassen wieder aus der Maschine und hält sie unter den Wasserhahn. Na bitte, soll er doch! Dieses Wasser kostet anscheinend nichts! Gerda rührt keinen Finger. Aber wenn sie wieder einmal eine Tasse mit unappetitlichen Kaffeerändern aus dem Schrank holt, dann stellt sie diese bewusst auf den Platz ihres Mannes. Meist jedoch fällt Gerd diese kleine Boshaftigkeit seiner lieben Frau gar nicht auf.

Irgendwann beschloss Gerd, seiner Frau ihre elektrische Vergeudungssucht zu beweisen. Er kaufte einen Strommesszähler. Dieses Sonderexemplar an Überflüssigkeit klemmte er dann wochenlang an alle Geräte, die in seinem Haushalt mit Strom gespeist wurden. Zunächst natürlich an die Waschmaschine und den Trockner, dann aber auch an die Gefriertruhe und die Kaffeemaschine. Im PC wurden alle Daten erfasst und nach irgendwelchen nur ihm bekannten mysteriösen Kriterien zusammengestellt und ausgewertet.

Wie groß war aber sein Entsetzen, als er feststellen musste, dass besonders viel der im Haus verbrauchten Energie ausgerechnet durch die Geräte verursacht wurde, die in seinen Aufgabenbereich fielen. Die Heizung zum Beispiel. Und die Geräte, die immer auf Standby standen. »Gerda, stell dir mal vor, wie viel der Fernseher an Strom zieht, auch wenn er gar nicht eingeschaltet ist!« Gerda, die sonst mit emotionaler Intelligenz und Schlagfertigkeit nicht gerade gesegnet ist, erwachte in diesem für sie historischen Moment wie aus einer Winterstarre. Sie sah ihre lang herbeigesehnte Stunde der Rache gekommen. Wenn schon der Fernseher ... Sie holte tief Luft und richtete sich zu voller Größe auf. »Ach nein! Sieh da, sieh da! Was ist denn mit deinem blöden Computer, der Tag und Nacht läuft, hä?«

Gerd überhörte elegant die Bemerkung, die einer Kriegserklärung glich, und gab keinen Laut von sich. Der Strommesszähler allerdings wurde seit jenem denkwürdigen Tag nie mehr gesichtet.

Leider hielt Gerdas inneres Kirchweihfest nur wenige Tage an. Elektrische Maschinen ziehen ihren Ehemann nach wie vor in ihren Bann. Jedes Mal, wenn sie einen elektrischen Knopf drückt, erscheint Gerd gerade so wie vor der geschilderten Strommessgerät-Episode auf der Bildfläche und »verbessert« ihre Schaltung.

Was Versicherungen, Sparanlagen und Haus- und Wohnungsverträge angeht, ist Gerd ein Fuchs. Dadurch, dass er als Pensionär jetzt auch noch Zeit im Überfluss hat, kennt er sich inzwischen besser aus als jeder mittelmäßige Versicherungsvertreter. Er liest alle Fußnoten, seien sie noch so klein geschrieben, vergleicht Hunderte von Tarifen und wechselt Versicherungen wie andere die Schuhe. Stromverträge werden schon beim Abschluss zugunsten eines anderen Anbieters wieder gekündigt, und mit der Krankenkasse wird um jeden Cent gefeilscht. Alle Vergünstigungen werden zu 100 Prozent ausgenutzt. Sein Geldbeutel platzt beinahe wegen der tausenderlei Bonus-Karten, die er mit sich herumträgt. In einem Geschäft bekommt er Treuepunkte, im anderen Rabatt, im dritten eine Zugabe. Wenn er dann meint, irgendeinen Gewinn verbuchen zu können, plustert er sich auf wie der Hahn auf dem Mist – auch wenn es sich nur um ein kostenloses Pfund Brot dreht, das er alle acht Wochen nach Hause trägt, wenn nämlich seine Punktekarte von der Bäckerei wieder einmal gefüllt ist. Ein professioneller Wirtschaftsminister könnte nicht effektiver wirtschaften.

Im Hause von Heinz und Hilde ist dagegen das Wirtschaftsministerium komplett anders besetzt. Hier führt Hilde fast in Alleinherrschaft das Regiment. Die Frauenquote zwischen den beiden Ehepaaren ist somit übererfüllt. Da Heinz in seiner aktiven Berufslaufbahn als Handwerker für Verwaltungsangelegenheiten nie Zeit und auch keinen rechten Nerv hatte, überließ er Hilde nicht nur freiwillig, sondern auch dankbar alle diesbezüglichen Aufgaben. »Mach du die Schreibereien! Das kannst du besser!«

So ergab es sich im Laufe der Jahre, dass Heinz nun von Tuten und Blasen keinerlei Ahnung mehr hat, was die Finanzen der Eheleute angeht. Benötigt er für irgendetwas Geld, verlangt er es von seiner Frau. Sein Geldbeutel ist im Gegensatz zu dem von Gerd schmal und dünn, enthält er ja nicht mal eine Kreditkarte.

Als Hilde einmal für einige Tage ins Krankenhaus musste, versank ihr Göttergatte im Finanzchaos, denn er wusste nicht, wie er Rechnungen bezahlen oder wie er Geld von der Bank bekommen könnte, wie ein Geldautomat funktioniert und so weiter.

Alle heilige Zeit einmal fällt Heinz auf, dass die gesamte Wirtschaftslage in seinem Haus vollends an ihm vorbeigeht. Dann wurmt ihn das plötzlich, und er verlangt von Hilde alle möglichen Unterlagen. Stellt er fest, dass alles seine schöne Ordnung hat, schiebt er alle Arbeit wieder seiner Frau zu.

Wenn ihn allerdings das Gefühl beschleicht, sich einmischen zu müssen, weil Hilde zu viel Geld ausgibt und angeblich zu wenig übrig bleibt, hat das Ergebnis die gleiche Wirkung, wie wenn der Zünder gezogen wird, der eine Handgranate zum Explodieren bringt. Dann ist das Tohuwabohu perfekt. Der Inhalt von einem halben Dutzend Ordnern wird bunt durcheinandergemischt, einer unerklärlichen Eingebung von Heinz folgend. Ab sofort finden er und Hilde wochenlang *nichts* mehr.

In einem Bereich gleicht Heinz seinem Freund Gerd allerdings bis aufs Haar. Und zwar, wenn es sich um die angebliche Verschwendungssucht seiner Frau in puncto Strom dreht. Heinz hat sich im Laufe seiner Ehe zum fanatischen Lichtabdreher gemausert. »Musst du denn den lieben langen Tag immer und überall Licht brennen lassen?«

Hilde, die bei schummrigem Licht schlecht sieht und es ohnehin gern hell hat, wehrt sich. »Du weißt doch, dass meine Augen nicht mehr die besten sind. Ich sehe sonst nichts!«

»Das Essen wirst du schon noch sehen können!« Heinz lässt Hildes Kurzsichtigkeit als Argument nicht gelten. Lichtschalter scheinen ihn magnetisch anzuziehen. Kaum verlässt Hilde das Zimmer, schon steht er da und knipst hinter ihr das Licht aus, natürlich mit einem entsprechenden Kommentar. »Brauchst du das Licht noch?«

Als besonders unverschämt empfindet es Hilde, wenn ihr Mann am Morgen im Badezimmer eine gleißende Festbeleuchtung einschaltet, solange er darin weilt. Verlässt er das Badezimmer, dreht er grundsätzlich die Hälfte der Lampen aus, auch wenn Hilde mit ihrer Gesichtspflege noch zu Gange ist. Dann schimpft sie in ihr Spiegelbild: »Wär auch besser, wenn er sich nicht mehr so genau sehen würde!« Und schwuppdiwupp knipst sie alle Lampen wieder an.

Gehen beide in ein Lokal zum Essen, zückt Hilde ihre Geldbörse zum Bezahlen. Heinz schaut zu. Eines Tages führte solch eine Szene fast zum Zerwürfnis zwischen Heinz und Gerd. Als beide Eheleute in einem Nobellokal anlässlich eines Feiertags ausgiebig gespeist hatten und wieder Hilde bezahlte, da konnte Gerd nicht mehr hinter den Berg halten. »Sag mal, hat dich deine Hilde schon entmündigt?«

Heinz schluckte und fühlte sich tödlich getroffen. Und als Gerd – trotz des Tritts seiner Frau Gerda unter dem Tisch an sein linkes Schienbein – auch noch ketzerisch nachhakte: »Lass dir halt mal Taschengeld geben!«, da war die Luft am Tisch auf einmal sehr dick. Heinz stand wortlos auf, und es dauerte Wochen, bis seine Wut verraucht war und sich die beiden Freunde wieder trafen.

Ab diesem Zeitpunkt bezahlte Heinz eine Zeitlang selbst. Allerdings nur, weil ihm Hilde daheim seinen Geldbeutel füllte. Vergaß sie es, schob sie ihm ihre eigene Geldbörse zu, erst heimlich unter dem Tisch, später quer über den Tisch. Bei diesem Prozedere kam es das ein oder andere Mal schon vor, dass Heinz fragte, wo denn in der rosaroten Geldtasche die Scheine zu finden seien. Da aber Gerd nie mehr eine abfällige Bemerkung über die vermeintliche Unmündigkeit seines Freundes von sich gab und solche peinlichen Situationen tunlichst übersah, weil er eine neuerliche Auseinandersetzung vermeiden wollte, gab Heinz bereits nach wenigen Monaten seine finanzielle Scheinselbstständigkeit vorzeitig wieder auf.

Auch wenn Heinz die familiären Geldangelegenheiten ganz seiner Frau Hilde überlässt und sie der autorisierte Kämmerer der Familie ist, heißt das keineswegs, dass nicht auch er vom rentnerischen Sparzwang infiziert ist. Im Gasthaus sieht er durchaus auch die rechte Spalte der Speisekarte an, die Spalte mit den Preisen. Und nicht selten runzelt er missbilligend die Stirn, wenn seine Frau immer das teuerste Menü aussucht. Er verbietet ihr zwar keine Bestellung, aber eine kleine zynische Bemerkung kann er sich häufig doch nicht verkneifen. »Hast wohl großen Hunger heute?« ist davon noch die harmloseste Variante.

Ganz ähnlich reagiert Gerd bei einem Restaurantbesuch. Auch er sucht rechts auf der Speisekarte aus. Erscheinen ihm die Preise zu hoch und zu happig, so hat er urplötzlich keinen Hunger mehr, obwohl er vor Betreten des Lokals beinahe daran gestorben wäre. Je nach Preisklasse der Speisen bestellt er sich dann eine Senioren-, eine halbe oder sogar eine Kinderportion. Gerda, die nicht so schnell kapiert, was mit ihrem Mann nun urplötzlich los ist, sucht unbekümmert das Essen aus, nach dem es sie gerade gelüstet – völlig unabhängig vom Preis.

Kommt dann das Essen, muss sie es allerdings teilen – mit ihrem Mann. Denn der setzt sofort seine Gabel in Bewegung und erleichtert Gerdas Teller in Windeseile um mindestens die Hälfte der Speisen, bevor er auch nur einen Bissen seines eigenen Essens anrührt.

Geht es ans Bezahlen, folgt Akt fünf in dieser Komödie: die Frage des Trinkgeldes. Zunächst kontrolliert Gerd genau den Rechnungsbeleg, denn die Hauptlaster älterer Männer sind ja bekanntlich Misstrauen und Vorsicht, allem und jedem gegenüber. Dann rechnet er genau 10 Prozent aus, und das kann er als ehemaliger Banker in Windeseile. Anschließend rundet er ab, wohlgemerkt ab und nicht auf, und das in großzügiger

Manier. Immer zu seinen Gunsten. Und dann zieht er stets noch einen kleinen Betrag vom errechneten Trinkgeld ab. Einen Grund dazu findet er immer, und sei es, dass die Nudeln nicht heiß genug waren oder ein bisschen Salz fehlte. »Das sehe ich gar nicht ein, dass ich so viel Trinkgeld geben muss. Ich hab in meinem Beruf doch auch nie welches bekommen!«

Aber auch Heinz schielt mit Argusaugen auf die Scheine und Geldstücke, die Hilde auf den Tisch blättert. Besonders, wenn sie dazu freundlich zur Bedienung sagt: »Stimmt schon!«

Natürlich hat Gerd als Beamter kein Trinkgeld einstecken dürfen, was ihn aber nicht davon abgehalten hat, allzu gerne kleine Werbegeschenke jeglicher Art entgegenzunehmen. Am Jahresende häuften sich auf seinem Schreibtisch die Kalender, von Kunst über Sprüche bis zu schönen Frauen. Und vor ihm lag stets ein kunterbuntes Sammelsurium der edelsten und besten Kugelschreiber und Bleistifte. Alle geschenkt oder erbettelt. Gerd war ein Schnorrer durch und durch, mit der irrwitzigen Einstellung, Werbegeschenke würden ja nichts kosten. »Die können die Firmen doch alle von der Steuer absetzen!«, verkündete er voller Überzeugung, was bei seinem Freund Heinz nur zu Kopfschütteln führte. »Meinst du, die Stifte kosten nichts? Da muss man schon erst was verdienen, wenn man was absetzen will!«

Diese Grundhaltung – »man muss sehen, was man erwischen kann« – nahm Gerd eins zu eins in sein Pensionistendasein mit. Vor allem sein Freundeskreis kann ein Lied davon singen. Gemäß der Devise »Trinkfest bei Freunden, trocken bei mir« laufen die privaten Festivitäten nun ab. Haben er und seine Frau Gerda Gäste, wird die Schublade Vornehmheit gezogen, quasi nach dem Motto »Wir sind ja etwas Besseres«.

In Wirklichkeit aber steckt dahinter reiner Geiz. Gerd agiert bei solchen Gelegenheiten als Mundschenk. Auf dem Tisch stehen die edelsten Weingläser. Gerd schenkt ein. Formvollendet mit einer Hand auf dem Rücken. Wie ein Ober im 5-Sterne-Hotel. Genauso »füllt« er die Gläser – gerade mal so, dass der Boden bedeckt ist. Anschließend hebt er die Flasche weit sichtbar und sichtlich beeindruckt in die Höhe und klärt mit ernster Miene die Freundesrunde über den edlen Tropfen auf, vom Weinbaugebiet bis zum Oechsle-Grad.

Erst dann darf getrunken werden, nach vornehm klingendem Anstoßen der Gläser, versteht sich. Während er in aufrechter Haltung an seinem Wein nur nippt, leert Heinz die Pfütze in seinem Glas mit einem einzigen Schluck, trotz des heftigen Schienbeinstoßes von seiner Frau gegenüber. Gerd jedoch übersieht geflissentlich eine Stunde lang das leere Glas seines Freundes. Er trägt die Weinflasche erst einmal in die Küche. »Zum Kühlen«, wie er erklärt. Warum er den Rotwein auch mitnimmt, weiß so recht niemand.

Heinz hatte es einmal mit Güte versucht: »Lass doch die Flasche gleich hier, dann brauchst du nicht immer zu rennen. Wir schenken uns schon selbst ein.« Doch da zog Gerd sofort das Register mit der Aufschrift »Vornehmheit«, hinter dem er sich so wunderbar verstecken kann. »Nein, Flaschen auf dem Tisch sehen primitiv aus!«

Folglich stillt Heinz nun seinen Durst jedes Mal schon, bevor er zu seinem Freund aufbricht, indem er vorsichtshalber bereits zu Hause ein Bier trinkt.

Wenn umgekehrt Gerd bei Heinz eingeladen ist, stören ihn Flaschen in Sichtweite aber offenbar wenig. Es ist so, als hätte er den Mantel der Vornehmheit zu Hause abgelegt und vergessen. Von edler Zurückhaltung ist keine Spur mehr zu erkennen. Da wird der Wein nicht profihaft geschlürft, bevor er die Kehle tröpfchenweise hinunterrinnen darf, nein, da wird er gläserweise in den ausgewählten Schlund geschüttet. Und es ist beileibe kein schlechter Tropfen, den Heinz seinen Freunden kredenzt, nur eben ohne heilige Zeremonie.

Heinz ist in diesem Punkt auch ausnahmsweise nicht knauserig, denn er will sich vor seinen Freunden keine Schwachheit anmerken lassen und nebenbei mit seinem gut gefüllten Weinkeller angeben. Fragt er in die Runde, welches Getränk er denn anbieten dürfe, dann ist Gerd der Erste, der sich meldet. »Zunächst gibst mir halt ein Bierchen, und dann vielleicht ein Gläschen Weißwein. Du hast doch immer eine so tolle Spätlese.«

Aus dem Bierchen werden vier ausgewachsene Biere, und aus dem Gläschen Wein wird eine Flasche. Ungekühlt und Spätlese versteht sich. Ergattert Gerd die Flasche Wein, deponiert er sie geschickt neben seinem Stuhl auf dem Fußboden oder nebenan auf einer kleinen Anrichte, zu der er ungehindert und permanent Zugang hat, was er auch nach Kräften nutzt, indem er sich in einer Tour einschenkt. Nach dem Essen lässt er dann seit Jahren seinen in der Runde altbekannten Spruch los: »Das Essen war aber heute arg fett!« Was natürlich in der Regel nicht stimmt. Gerd will nur einen Verdauungsschnaps mopsen.

Heinz stört das alles keineswegs, im Gegenteil, er freut sich, wenn es seinem Freund Gerd einmal wieder so richtig in seinem Hause gefällt und wenn dieser kichert, meckert und frotzelt. Nur Gerda ist es manchmal schrecklich peinlich, ihren mehr oder weniger geliebten Ehepartner so ausgelassen und beschwipst zu erleben. Dann versucht sie, vorsichtig gegenzusteuern. Ihr Ausspruch, den sie vor Jahren in so einer Situation einmal losgelassen hat, ist in der Freundesrunde mittlerweile zum geflügelten Wort erhoben worden: »Gerd, es reicht! Wir haben keinen Durst mehr!«

# 9

## *Medienfreaks*

»Kein Schwein ruft mich an, keine Sau interessiert sich für mich, solange ich hier wohn, ist es fast wie Hohn, schweigt das Telefon ...«

Von wegen. Das war einmal, vollendet gesulzt von Max Raabe. Im letzten Jahrhundert. Und das ist noch gar nicht so lange her. Der alte Schlager stimmt schon längst nicht mehr. Vorne nicht und hinten nicht. Heute telefoniert jeder überall und zu jeder Stunde. Oder wird angerufen. Oder schickt und empfängt Dutzende von WhatsApps. Oder twittert auf Teufel komm raus. Jeder mit jedem und gegen jeden. An den unmöglichsten Orten des Lebens und Plätzen der Welt. Nonstop. Hemmungslos. Hin und her und vor und zurück. Das Zauberwort für diese Entwicklung heißt Smartphone, iPhone oder einfach Handy.

Und es ist ein weit verbreiteter Irrglaube, dass etwa nur die Jugendlichen fanatische Handynutzer sind. Nein, auch die Rentner haben dieses Wunderding unserer Zeit für sich entdeckt. Zuerst von ihnen als Geisel der Menschheit verurteilt, verdammt und mit Pest und Cholera verglichen, sind die meisten der Generation 60+ inzwischen im Eiltempo und voller Wucht auf den Handyzug aufgesprungen.

»Ihr werdet schon sehen!«, mahnten sie anfangs mit erhobenem Zeigefinger. »Immer erreichbar zu sein, das hält kein Mensch aus!« – »Da kann ja jeder Schritt und Tritt kontrolliert und überwacht werden! Wie bei der Stasi!« – »Es ist ja entsetzlich, wenn jeder mithören muss, was irgendein Depp einem anderen auf die Nase bindet!« – » Mit dieser Stichwortmentalität und dem Smiley-Wahn verkümmert doch die deutsche Sprache total!«

Dazu gab's dann noch diverse Gesundheitsbedenken: »Die ganze Welt wird verstrahlt! Überall irgendwelche Funkstrahlen!« – »Das Handy in der Brusttasche schadet dem Herzen!« – »Wer das Handy dauernd in der Hosentasche hat, wird impotent!«

Na ja. Bis heute ist die Menschheit noch nicht ausgestorben, und Herzkliniken sind auch nicht wie Pilze aus dem Boden geschossen. Und man glaubt es kaum: Ab und zu reden verschiedene Menschen sogar noch von Angesicht zu Angesicht.

Zwei, die anfangs vehement mit all der Weisheit ihrer Jahre gegen das Phänomen Handy zu Felde gezogen waren, sind mittlerweile bekennende Anhänger desselbigen: Heinz und Gerd, unsere Rentnerhelden. Wobei Heinz seinen Freund Gerd um Längen schlägt. Oder auch nicht. Wie man es nimmt.

Benutzt Gerd sein Handy nur gezielt zu mehr oder weniger sinnvoller Kommunikation, so ist Heinz regelrecht besessen von seinem Gerät. Völlig infiziert. Ein Altdynamiker mit knalligem iPhone der neuesten Kategorie. Wo er geht und steht, trägt er das Ding mit sich herum und legt es demonstrativ neben sich auf den Tisch, sobald er sich irgendwo hinsetzt. Dann fängt er postwendend an, damit herumzuhantieren.

Mittlerweile beherrscht er nicht nur das Telefonieren und das simple Versenden von WhatsApps, nein, er weiß natürlich auch alle Internetfunktionen mit seinem Handy aufzurufen. Und das tut er dann auch. Dauernd und ausgiebig.

Sitzt er am Frühstückstisch, werden seiner armen Hilde lautstark alle ach so wichtigen sensationellen Nachrichten, die sich im Laufe der Nacht auf seinem Handy angesammelt haben, sofort serviert. Zwischen dem Brötchen mit Wurst und dem mit Marmelade wird der Leidgeplagten dann über den Kopf geschüttet, wer sich in Skandinavien von wem scheiden lassen will oder nicht, wie die Börse in Timbuktu aufgestellt ist oder wie viele Raser auf einer dänischen Nordseeinsel in eine Radarfalle gesaust sind. Alles Lebenswichtige eben. Direkt im Anschluss daran verkündet ihr Göttergatte selbstverständlich auch noch, was das Handy über das momentane Wetter in ihrer kleinen Stadt prophezeit. Demzufolge regnet es gerade, obwohl vor dem Fenster die Sonne lacht. Auf Hildes schüchternen Einwand, dass er doch mal in den Garten blicken solle, brummt er ihr entgegen: »Wirst schon sehen, was passiert!«

Hilde hört eigentlich schon lange nicht mehr richtig zu, wenn ihr Ehemann ihr frühmorgens jeglichen medialen Schrott vorliest. Ihretwegen sollen in China so viele Reissäcke umfallen, wie sie wollen; und wann sie die Betten lüften will, bestimmt immer noch der Blick aus dem Fenster.

Mittlerweile kann Heinz natürlich auch twittern und ist seit Kurzem sogar bei Facebook gelandet. Das Profil, das er für sich selbst erstellt hat, zeigt ihn in jugendfrischer Sportlerpose, was Hilde mit großen Augen und total sprachlos zur Kenntnis genommen hat. Nun postet er in einer Tour »Gefällt mir« oder »Gefällt mir nicht«.

»Als ob es irgendjemanden interessieren würde, was dem alten Trottel noch gefällt!«, denkt sich Hilde manchmal still und heimlich.

Er tauscht sich mit Hinz und Kunz über seine Rheumaprobleme und den richtigen Schnitt seines verkümmerten Apfelbaums aus und ist grenzenlos stolz, wenn er eine Freundschaftsanfrage vom dritten Bürgermeister oder dem stellvertretenden Vorstand des Brieftaubenzuchtvereins erhält. Und immer wieder muss Hilde zuhören und ihr stereotypisches »Toll« dazugeben, damit sein Selbstbewusstsein nicht leidet. Nur vom Skypen konnte Hilde ihn bislang abhalten. Da fehlt es ihm einfach an kompetenten Partnern. »Mit wem um Himmels willen willst du dich denn von Angesicht zu Angesicht unterhalten? Wohl mit der aufreizenden Nachbarin? Hä?«

Auf jeden Fall hält sich Heinz als Medienfreak noch immer für jung oder zumindest jung geblieben. Er fühlt sich dadurch, als stünde er mit dem Leben immer noch auf Du und Du, sei immer noch gefragt und nach wie vor in Saft und Kraft. Meint er jedenfalls.

Hilde ist dies zumindest egal, solange sich dieser mediale Wahnsinn nur am Vormittag abspielt. Da ist ihr Heinz wenigstens beschäftigt und stört nicht ihre Kreise. Sie kann in Ruhe einkaufen und mit einer Freundin beim Metzger den neuesten Tratsch austauschen, oder sie kann ohne irgendeine Einmischung ihrer Ehehälfte in der Küche schalten und walten, wie sie will.

Ärgerlich wird es für sie, wenn Heinz dieses Spiel auch dann fortsetzt, wenn er sie abends zum Essen ausführt oder wenn beide ein Lokal oder irgendein Fest besuchen. Dass er auch da sofort sein Handy auspackt und mit Aktionismus zu handysieren beginnt, bringt sie zur Weißglut. Moniert sie sein, wie sie meint, unverschämtes Verhalten ihr gegenüber, hört sie höchstens den bedeutungsschwangeren Satz: »Du siehst doch, ich muss arbeiten!« Hilde schluckt und schluckt und würgt so manch böse Bemerkung hinunter, befinden sie sich doch in der Öffentlichkeit. Dabei übersieht sie keineswegs das mitleidige und spöttische Grinsen der meist jüngeren Leute an den Nachbartischen, die sich über den alten Mann, der so wichtigtut, lustig machen. Und das tut ihr dann doch in der Seele weh.

In Grund und Boden schämt sie sich aber für ihren Heinz, wenn er das Gleiche tut im Beisein von Freunden. Sie sieht deren verständnislose und beleidigte Blicke und möchte ihrem

Ehemann in dem Moment an die Gurgel. Heinz bemerkt das alles nicht. Er ist zu beschäftigt damit, per Handy herauszufinden, an welchem Ort des Universums, sprich in welcher Straße des kleinen Ortes und in welcher Kneipe er sich gerade befindet. Und er findet es höchst seltsam, dass diese Erkenntnis seines Geräts, das er nun jedem unter die Nase hält, niemanden aus seiner Freundesrunde fasziniert und diese nur pflichtgemäß und gelangweilt auf sein Display blicken. Die leisen abfälligen Bemerkungen über sein Verhalten werden ohnehin nur an andere gerichtet, hat doch jeder der Freunde den Eindruck, dass Heinz in einer anderen Welt lebt und sich für sie nicht mehr interessiert. In solchen Momenten herrscht Hilde ihren Mann schon das ein oder andere Mal unfreundlich an: »Lass jetzt das Ding verschwinden!«, hat sie doch die berechtigte Befürchtung, dass sich ihre Freunde immer mehr von ihnen zurückziehen und als Gesprächspartner irgendwann nur noch dieses dämliche Kästchen übrig bleibt.

Der Gipfel der Peinlichkeit wird für sie jedoch erreicht, wenn Heinz dabei auch noch laute Musik abspielen oder doofe Witze über den Tisch schallen lässt. »Mauseloch, wo bist du?«

Unlängst flog Heinz mit dem Handy in der Hand sogar die Kellertreppe hinunter und holte sich einen blauen Hintern, weil er vor lauter falsch verstandener Geschäftigkeit nur auf den Bildschirm starrte statt auf seine Füße.

Hilde reagierte schadenfroh. Sie hob nicht ihn auf, sondern sein Handy und reichte es ihm mit den Worten: »Also, wenn du mal tot bist, gib ich dir dieses Ding mit in den Sarg, samt drei Packungen Ersatzbatterien, falls es im Himmel keinen Stecker gibt!«

Bei all dem überaus geschäftigen Medientreiben beherrscht Heinz sein neues Lieblingsspielzeug aber keineswegs aus dem

FF. Es kommt durchaus vor, dass er irgendwem irgendeine Botschaft senden will und es partout nicht schafft. Aus welchen Gründen auch immer. 30 Versuche – vergeblich. Oder seine tiefschürfende Erkenntnis, dass es schon wieder regnet (nicht erfahren durch den simplen Blick aus dem Fenster, sondern auf das Handy) kommt aus Versehen statt bei der Schwester bei der Hausbank an. Auf die Rückfrage seiner Bank hin, ob er Hilfe brauche, wird er fuchsteufelswild. Dann ist die Welt für Heinz nicht mehr rund, und auf Hilde prasseln wüste Beschimpfungen herein, dass die Technik einfach nicht ausgereift und sein Handy »ein Scheiß« sei. Doch statt das Handy anzufauchen, lädt er wieder einmal allen Frust (über wen eigentlich?) über der armen Ehefrau ab.

In seiner restlichen freien Zeit liest Heinz Zeitung. Nein, nicht eine Zeitung, sondern Zeitungen. Und nein, er liest sie auch nicht wirklich, er verschlingt Texte und Buchstaben wie Buchstabensuppe. Aber in solcher Fülle und in einem solchen Tempo, dass seine ohnehin überfrachtete Merkfähigkeit keine Chance hat mitzuhalten.

Genau wie bei seiner Online-Sucht agiert Heinz beim Lesen der Zeitungen mit dem gleichen Aktionismus. Hauptsache, er hat sie durchgeblättert, das örtliche Lokalblatt und den Finanzbrief, Die Zeit, das Handelsblatt und die Bildzeitung. Fünf Stück an der Zahl. Dann ist man auf der Höhe der Informationen, fit für das Leben. Speichern? Reflektieren? Das Gelesene wiedergeben können? Kaum mehr möglich, sind doch die Speicherplätze des Gehirns schon überflutet mit den Sensationsmeldungen aus allen Ländern der Welt, wo der Pfeffer wächst, oder mit Online-Bildern des Enkelkindes einer Nachbarin, das sich gerade den Apfelbrei über das Gesicht schmiert. Wenn es dem Hirn dann irgendwann zu bunt wird mit den Wasserfällen der Neuigkeiten, kann es schon sein, dass dieses ihm zuflüstert: »Diese Seite haben wir schon zweimal gelesen!«

Auch beim Zeitungsmarathon ist Hilde natürlich wieder gefragt. Alle für Heinz unentbehrlichen Nachrichten werden postwendend seiner Frau vorgelesen. Ob sie sie hören will oder nicht, ob sie Interesse daran hat oder nicht. Sie hat sie gefälligst zur Kenntnis zu nehmen. Trotz all ihrer Beteuerungen, dass sie selber das örtliche Lokalblatt zu lesen gedenke, schon wegen der Todesanzeigen – Heinz liest vor. Schlagzeilen über sinkende Kurse in Tokio, Konflikte im Sudan und die Katastrophen in Vorder- oder Hinterindien. Hilde regt das maßlos auf. Besonders am Abend, wenn sie fernsehen oder Radio hören will. Doch Heinz stört das nicht. Trotz ihres wiederholten Seufzens raschelt er intensiv mit den Zeitungsblättern und deklamiert lautstark. »Herrgott im Himmel«, Hilde faltet stumm die Hände, »gib mir die Kraft, jetzt den Mund zu halten, sonst sind die nächsten Stunden wieder gelaufen!« Heinz neigt nämlich dazu, sofort beleidigt zu sein, greift man seinen Bildungs- und Informationsfimmel in irgendeiner Form auch nur im Geringsten an.

Ganz anders sieht es mit dem Medienverhalten seines Freundes Gerd aus. Dieser liest neben dem Lokalblatt (»nur wegen der Kleinanzeigen«) nur noch eine überregionale Zeitung, die Süddeutsche, aber dafür von der ersten bis zur letzten Zeile, von A bis Z. Er braucht dafür allerdings genauso lange wie Heinz für seine fünf Zeitungen. Aber am Ende weiß er auch ganz genau, was er gelesen hat. Sehr zum Leidwesen seines Freundes Heinz.

Kommen beide ins Diskutieren, ist ihm Gerd dadurch natürlich um Welten voraus, was Fakten betrifft. Das wiederum ärgert Heinz gewaltig, bildet er sich doch ein, durch die Fülle der Informationen, die er in sich hineinstopft, seinem Gegenüber haushoch überlegen zu sein. Weil dem aber nicht so ist, kann er sich oft nicht anders helfen, als zu polemisieren. »Da sieht man mal, wie die Presse dich manipuliert! Du bist nur einseitig vorgeprägt durch deine einzige Zeitung. Immer nur die Meinung der Süddeutschen! Du müsstest halt auch mal andere kompetente Meinungen hören und gelten lassen!«

Worauf Gerd still wird und sich jedes Mal seinen Teil über die Bildung seines Freundes denkt.

Gerd ist in erster Linie ein Internetfreak. Er kann stundenlang vor seinem PC sitzen und zu irgendwelchen Themenbereichen, die ihn faszinieren, recherchieren. Sei es über das Paarungsverhalten der Nacktschnecken oder über die verschiedenen Inszenierungen einer Oper von Richard Wagner. Darüber vergisst er dann Zeit und Stunde und sogar das Hungerrumpeln im Bauch, bis ihn Gerda energisch zu Tisch ruft.

Gerds Hauptinteresse der letzten Jahre gilt in erster Linie dem Geschehen rund um den Zweiten Weltkrieg. Damit kann er sich tagelang beschäftigen, um beim nächsten Treffen mit seinem Freund Heinz zum Beispiel über die Seeschlacht bei Tassafaronga zu monologisieren.

Leider Gottes kann Gerd bei Heinz aber sein gesammeltes Wissen schlecht an den Mann bringen, was ihn tief im Herzen grämt. Heinz hat weder den Namen dieses Ortes je gehört, geschweige denn, wer da gegen wen irgendwann gekämpft hat. Also hört Heinz seinem gebildeten Freund – wenn überhaupt – nur halbherzig zu und sagt schon mal an der falschen Stelle »ja«. Oder ihm rutscht gar die Frage heraus: »Warst du wohl in Stalingrad dabei?«, wohl wissend, dass es um den Großvater von Gerd ging. Dann blickt Gerd sehr pikiert auf seinen »Freund schlichten Geistes«, wie er beim Nachhausegehen seiner Frau klagt.

Mit der gleichen Intensität, Sorgfalt und Beharrlichkeit studiert Gerd auch alle anderen technischen Medien seiner kleinen Welt, vom Fotoapparat bis zum iPad. So ist er mit allen Funktionen seiner überschaubaren digitalen Welt bestens vertraut. Während bei Heinz zum Beispiel in puncto Mediensprache schon mal eine babylonische Sprachverwirrung einsetzen kann und er locker SMS mit E-Mail verwechselt und iPad, iPhone und Tablet wild durcheinanderwurstelt, kann das bei Gerd nicht passieren. Darauf ist Heinz ein bisschen neidisch, gibt es aber natürlich nicht zu, sondern verspottet seinen Freund deswegen häufig als »Oberlehrer« und »oberschlau«. Als Gerd unlängst einmal eines seiner picobello ausgearbeiteten Fotobücher präsentierte, an dem er tage- und nächtelang am PC herumgebastelt hatte, und als Hilde ihn dafür auch noch großartig lobte, da meinte er nur: »Wer an so etwas Spaß hat, hat auch Spaß an der Wurzelbehandlung beim Zahnarzt.«

Als Gerd sich selbst zum letzten Weihnachtsfest einen Kindle schenkte, da bestellte sich Heinz sofort die Bildzeitung auf sein iPad.

»Aber das ist doch was ganz anderes!«, rief Gerd. »Mit dem Kindle kannst du Bücher lesen! E-Books, verstehst du?«

»Bücher! Was brauch ich Bücher! In der Zeitung steht alles, was ich wissen muss«, entgegnete Heinz.

Es gibt aber auch Situationen, wo die Medienbesessenheit von Heinz sogar lebensgefährlich werden kann. Die Rede ist vom Autofahren. Dass Heinz seit Langem ein Navigationsgerät besitzt, versteht sich von selbst. Aber seit er sich einen neuen Wagen zugelegt hat, verfügt er über ein System, welches mit allen technischen Raffinessen ausstaffiert ist. Mit wenig Sinnvollem, aber über die Maßen Sinnlosem.

So kann er jetzt während der Fahrt die brandneuen Schlagzeilen der oberbayerischen Politikhirsche genauso verfolgen wie die Bundesligaergebnisse. Er kann vom Auto aus Hotelzimmer in Hintertux buchen und das Wetter in Singapur abrufen. Genauso wichtig ist es für ihn, sich während der Fahrt von Oberölbühl nach Unterölbühl, zweier Weiler in der

Oberpfalz, über die Staumeldungen zwischen Lübbenau und Cottbus zu informieren. Und das alles während der Fahrt vom Auto aus. Einfach wunderbar! Das eigentliche Fahren avanciert so bei Heinz zur nebensächlichsten Nebensächlichkeit.

Kein Wunder, dass Hilde bei gemeinsamen Autofahrten auf dem Beifahrersitz wie eine angespannte Feder in Habachtstellung sitzt, sich krampfhaft am Haltegriff festklammert und alle naselang »Pass auf!« schreit, wenn ihr Heinz wieder einmal ein entgegenkommendes Auto im letzten Moment erspäht oder haarscharf an der Leitplanke vorbeischlittert.

Einen weiteren medialen Kriegsschauplatz kann man jeden Sonntagabend im Wohnzimmer von Heinz und Hilde miterleben. Seit Jahren. Jedes Mal das gleiche Drama: Tatort contra Rosamunde Pilcher oder Ähnliches. ARD gegen ZDF. Seit Jahren Anlass zum Zwist zwischen beiden rechtschaffenen Eheleuten am Beginn ihres Lebensabends. Dauerstreit. Hilde weigert sich Woche für Woche, »die gleichen blutigen Grausamkeiten, nur an verschiedenen Orten«, anzuschauen, und Heinz sperrt sich kategorisch gegen den »kitschigen Schwachsinn und Sentimentalschmarren« einer Rosamunde Pilcher & Co. Natürlich bleibt Heinz Sieger und Hilde auf der Strecke. Ein Paradebeispiel für die alte Rollenverteilung »starke Männer gegen schwache Frauen«.

Heinz hat als Herr des Hauses die Oberhoheit über die Fernbedienung des Fernsehgeräts. Folglich flimmert also die 147. oder 148. Tatort-Folge durch die altdeutsche Wohnstube. Basta. Hilde hätte sich ja schon längst darauf eingestellt und würde friedlich ihrer Wege gehen und im Kinderzimmer ganz in Ruhe vor dem kleinen Fernsehapparat ihren Lieblingsfilm ansehen, wenn Heinz ihr das erlauben würde. Er aber beharrt darauf, dass sie mit ihm und den Kommissaren gemeinsam auf Verfolgungsjagd geht. Denn allein macht es ihm keinen Spaß.

So endet also der sonntägliche Frieden jäh pünktlich jede Woche um 20.15 Uhr.

Doch auch an den anderen Tagen der Woche trägt das Fernsehverhalten von Heinz nicht gerade zur Harmonie bei. Heinz schaut nämlich – analog zu seiner Informationspolitik – mindestens 30 Programme gleichzeitig an. Er schaltet im Sekundentakt durch alle verfügbaren Fernsehkanäle. Pausenlos, vor und zurück. Ein Zapper durch und durch, mit Haut und Haar, immer auf der Suche nach einem Programm, das noch besser sein könnte. Immer in der Angst, etwas Wichtiges zu verpassen. Zapp – zapp – zapp.

Aber so gut wie nie findet er, was er sucht – weil er im Grunde gar nicht weiß, was er finden will. Die ganze Herumschalterei wird begleitet von den immer gleichen Kommentaren: »100 Sender und nichts Gescheites!« – »Also, heutzutage kann man wirklich nicht mehr fernsehen!« Adressat: selbstverständlich Hilde. Die denkt kategorisch täglich das Gleiche: »Waren die Zeiten doch schön, als es nur ein Programm gab!« Doch jetzt wird sie vom Fernsehwahnsinn ihres Gatten schier erdrückt. Früher schaute eine ganze Nation die Dallas-Serie oder den Hexer. Jeder war etwa auf dem gleichen Medienbildungsstand. Da konnte man mitreden und brauchte sich nicht zu verstecken. Auch Hilde. Doch jetzt?

Ein- bis zweimal in der Woche ist Heinz am Abend nicht zu Hause. Dann schlägt Hildes Stunde! Voller Vorfreude grapscht sie sich die Fernbedienung, jenes Utensil, das normalerweise das absolute Heiligtum ihres Göttergatten ist. Und dann sucht sie so lange, bis sie auf einen Heimat- oder Liebesfilm aus alter Zeit stößt. Am besten mit Doris Day oder Liselotte Pulver. Von ihr aus auch in Schwarz-weiß. Ein Film jener Sorte, bei dem man schon im Vorspann weiß, wie das Ende aussieht. Hauptsache romantisch, zum Weinen rührselig und mit einem

Happyend. Dann setzt sich Hilde, vorsichtshalber mit einem Taschentuch bewaffnet, in den Fernsehsessel von Heinz, auf seinen Thron, und genießt jede Szene aus vollen Zügen. Jeden Kuss, jeden Streit samt Versöhnung. So einen Mann wie Rock Hudson oder Blacky Fuchsberger müsste man haben!

Aber wehe, Heinz kommt gegen Ende des Spielfilms vorzeitig zurück! Dann ist es augenblicklich aus mit der heilen Welt. Sofort schnappt sich der Hausherr die Fernbedienung und – zapp – geht er auf die Suche »nach etwas Gescheitem«.

Das ist dann häufig der Moment, wo Hildes Toleranzgrenze überschritten wird, besonders wenn dies zwei Minuten vor dem Happyend passiert. Dann kann auch sie wie eine wild gewordene Katze fauchen. »Nicht! Ich will das Ende sehen!« Woraufhin Heinz jedes Mal mit forschem Ton zurückpoltert: »Immer muss das angeschaut werden, was *du* willst!«

Also ergibt sich Hilde mit dem gespielten Gleichmut einer Gescholtenen in ihr Schicksal, ist das Happyend mittlerweile doch ohnehin schon vorbei.

Lässt sich Heinz alle heilige Zeit einmal erweichen, eine Sendung einzuschalten, die auch Hilde sehen will, geht ihr gemeinsames Fernsehabenteuer nur so lange gut, bis die erste Werbepause ansteht. Dann ist die Höchstspanne der zapplosen Zeit auch schon wieder vorbei. Es wird umgeschaltet. Auf 20 andere Programme, der Reihe nach. Dabei würde Hilde durchaus auch mal interessieren, welche Maggi-Spezialitäten gerade neu auf dem Markt sind, und sie wäre einer Werbesendung durchaus nicht abgeneigt. Aber nein, Heinz zappt nun so lange durch alle Programme, bis der gemeinsam angefangene Film schon längst wieder läuft und die Anschlussszene verpasst ist.

Während Hilde nun tapfer versucht, die entstandene Filmlücke in ihrem Kopf zu ergänzen, traktiert sie ihr Ehemann mit Fragen wie »Wer ist der da jetzt?« oder »Wie war das doch gleich?« Und Hilde muss antworten und verpasst wieder entscheidende Momente.

Solche ehegefährdenden Dispute und familienfeindlichen Spannungsfelder wegen eines simplen Fernsehprogramms sucht man im Hause von Gerd und Gerda dagegen vergeblich. Gerd wählt schon am Nachmittag aus, welches Fernsehprogramm den Feierabend der Eheleute bereichern soll. Die Sendung wird im Programmheft mit Rotstift markiert, und am Abend wird der Kasten pünktlich eingeschaltet. Dabei hat Gerda durchaus ein gleichberechtigtes Mitspracherecht. Demokratie an der Basis gewissermaßen.

Doch es ist wie in der großen Weltpolitik auch: Darf man etwas sagen, vergibt man seine Stimme häufig leichtfertig, und so siegt immer der nicht schweigende Rest. Wie der Fall Gerda exemplarisch zeigt. Gerda will gar nichts zum Fernsehprogramm sagen, sie will keine eigene Meinung äußern. Sie will stricken. Socken, schlichtweg Socken. In allen Farben und Größen. Für den Weihnachtsmarkt von »terre des hommes«. Dabei ist es ihr herzlich egal, ob das fünfte Mal in Folge in irgendwelchen Talkshows über den Nahost-Konflikt rauf und runter debattiert wird oder ob ein Fußballspiel zwischen Madrid und Mailand die Geräuschkulisse des Wohnzimmers bestimmt. Punkt.

Dementsprechend hat der Fernsehapparat von Gerd und Gerda auch schon seine besten Jahre hinter sich, während Heinz alle paar Jahre sein Gerät gegen ein neues austauscht. »Man muss mit der Zeit gehen. Die Technik schreitet voran. Aber das verstehst du nicht!«, meint Heinz. Nein, Gerd kann seinem Freund in diesem speziellen Fall wirklich nicht folgen, bleiben die Programme doch bei allen Geräten dieselben.

Absolut am gleichen Strang ziehen die beiden Freunde jedoch, wenn es um die Grundsatzdebatte geht, inwiefern man sich als alternder Mensch generell noch mit den neuen Medien beschäftigen oder auseinandersetzen sollte. Die Aussage so mancher gemeinsamer Stammtischbrüder »Wozu brauche ich denn noch ein Handy oder das Internet? Mir reicht das Fernsehen!« können die beiden in keinster Weise verstehen. Solche Sätze bringen sie zur Weißglut.

Und so ziehen sie beim monatlichen Treffen mit den gleichaltrigen Schulfreunden Seite an Seite tapfer in den Kampf gegen die von den Medien unbeleckten und damit wohl dummen Kameraden, die ihrer Meinung nach ein tristes Dasein fristen und sich gleich vor die Friedhofstür setzen und darauf warten können, bis man sie einlässt.

Sie dagegen, die beiden weltoffenen, handybesitzenden, interneterfahrenen, skypenden, zappenden und twitternden und somit coolen Platzhirsche Gerd und Heinz, sie haben Verbindung mit der ganzen Welt. Ihnen liegt nach wie vor das komplette Universum zu Füßen – wenn auch nur auf einem kleinen Bildschirm.

# 10

## *Vereinsmeier*

Im letzten Jahrhundert und wohl auch schon davor gab es in Deutschland einen Spottvers, der in etwa so lautete: »Wenn drei Deutsche zusammen sind, gründen sie einen Verein.« Die Zeiten sind vorbei. Eigentlich schade. Vereine haben viel bewirkt und vielen geholfen. Aber sicher nicht nur. Schwarze Schafe gibt es überall, zum Beispiel Vereine, die sich politisch in die falsche Richtung bewegten und Nährboden für Radikalismus waren, oder andere, die nur dem Alkohol oder schlimmeren Exzessen frönten. Aber das war nicht die Regel. Die meisten Vereine dienten der Geselligkeit, der Pflege der Natur und der Kultur. Sie deckten das gesamte Spektrum des Lebens ab, vom Sport bis zur Musik. Und sie waren soziale Netzwerke, in denen sich viele geborgen fühlen konnten. Nicht zu vergessen auch das riesige Engagement im Bereich der Wohltätigkeit.

Das war einmal. Vereine sind vom Aussterben bedroht. Wie auch viele altehrwürdige Berufe – man denke nur an den Schuster oder an den Schmied – wurden sie von der Realität, vom Fortschritt und von der Technik überholt und überrollt. Statt in einem Gesangsverein aktiv mitzusingen, lässt man sich von konservierter Musik beschallen. Statt in Schülerverbindungen Diskussionen zu führen und Rede und Antwort zu stehen, sitzt man heutzutage allein zu Hause vor dem Fernseher oder stiert auf den Computermonitor. Ohne menschliches Gegenüber. Nur dann verbessert oder widersprochen, wenn man es zulässt. Sogenannte soziale Netzwerke schießen zwar aus dem Boden, aber sie können niemals einen persönlichen Kontakt ersetzen. Sie funktionieren meist ganz gut auf Distanz, können verletzliche Seelen aber auch zerlegen, ohne dass sich Betroffene dagegen rechtschaffen zur Wehr setzen können.

Fast alle Vereine klagen über fehlenden Nachwuchs, und die alten Mitglieder sterben weg. Die Mitgliederzahlen befinden sich in einem drastischen Sinkflug. Fast überall. Nur der Bereich Sport macht vielleicht noch eine kleine Ausnahme. Hier gibt es ihn noch ab und zu, den Teamgeist.

Und es gibt ihn noch in der Generation 60+. Vor allem die männlichen Zeitgenossen vorgerückten Alters halten die Vereine noch am Leben, beflügelt von dem Wissen, dass die meisten von ihnen spätestens mit ihnen das Zeitliche segnen werden. Also kämpfen sie um deren Erhalt, als würden sie eine letzte Bastion verteidigen.

Heinz ist zum Beispiel in einem Männergesangsverein. Von seinem Vater einst in die hohe Kunst des Chorgesangs eingeführt und zu den wöchentlichen Proben des ehemaligen Dorfchores mitgeschleppt, ist er seinem Verein seit über 50 Jahren treu geblieben. Er singt immer noch. Tenor, auch wenn bei höheren Tönen mittlerweile sein Tremolo eher dem Quietschen eines Autoreifens gleicht. Doch die Lieder kennt er alle auswendig, kann sie im Schlaf herbeten. Denn es sind immer noch dieselben wie vor knapp einem halben Jahrhundert. »Im schönsten Wiesengrunde« oder »Am Brunnen vor dem Tore« zum Beispiel. Nicht zu vergessen das »Ännchen von Tharau«, sein absoluter Lieblingshit.

Das altbackene Repertoire liegt wohl daran, dass auch die Chormitglieder immer noch dieselben wie damals sind. Alle ungefähr denselben Jahrgängen entsprungen, alle miteinander alt geworden. Nur kleiner wird der Männerchor, von Jahr zu

Jahr, denn für die, die wegsterben, gibt es keinen Ersatz. Aber die Reste der Sangesfreunde stehen tapfer ihren Mann. Lauter alte Modelle. Seit Jahr und Tag mit grauen Flanellhosen und dunkelblauem Jackett angetan, seit 20 Jahren dazu mit einem roten Halstuch herausgeputzt. Alle mit einer Lesebrille auf der Nase unter der grauen oder weißen Haarpracht, falls sie überhaupt noch Haare besitzen, leicht gekrümmter Rücken, verschieden ausgeprägte Bierbäuche über mehr oder weniger stark ausgeformten Sichelbeinen. So halten sie mit gichtigen Fingern die Notenblätter, weil sie die eine oder andere Textzeile inzwischen verdrehen, obwohl sie die Lieder schon hunderte Male rauf- und runtergeleiert haben.

Heinz steht ganz rechts außen, als Stütze des Tenors. Dort lässt er seiner markanten Stimme freien Lauf, etwas blechern klingend, doch dafür umso lauter – vergleichbar mit einer in die Jahre gekommenen Nachtigall.

Heinz zählt zu den eifrigsten Chorprobenteilnehmern und ist der Zuverlässigste bei Auftritten des Vereins. Selbst als er einmal bei einem Weihnachtsgottesdienst seine Brille vergessen hatte und ebenso den Text der dritten Strophe, postierte er sich mutig in die erste Reihe und unterstützte seine Kollegen sehr zum allgemeinen Ergötzen des Publikums tatkräftig eben nur mit Lalala.

Der Chor bereichert mit seinem facettenreichen Gesang alle möglichen Heimatfeste oder Weihnachtsfeiern und gibt auch einmal im Jahr ein eigenes Chorkonzert. Die Zahl der Zuschauer ist dabei überschaubar. Da aber alle Ehefrauen samt überredeter und bestochener Familienmitglieder zum Besuch eines solchen Hochgenusses verdonnert werden, sind doch meistens die ersten vier Reihen der Schulaula oder der Kirche voll besetzt. Steht ein fröhliches Sommerkonzert an, so kann man Gift darauf nehmen, dass die Herren jubilieren mit »Ich weiß nicht, was soll es bedeuten, dass ich so traurig bin« und dabei in Glückseligkeit fast ertrinken. Und am Volkstrauertag steht ohne Frage das Lied »Ich hatt' einen Kameraden« auf dem Programm, wobei dem traurigen Anlass entsprechend die Quart nach unten im zweiten Takt durchaus der schwarzen Schleife des Kranzes angeglichen ist.

Als vor einigen Jahren der langjährige Chorleiter krankheitshalber aufgeben musste, versuchte ein jüngerer Dirigent sein Glück, ein Newcomer, unglaubliche 20 Jahre jünger als alle Sänger, kurz unter 50, in den Augen der Altgedienten also ein »Bürschchen«.

Er brachte zur ersten Probe gleich neue Noten mit. Mit Argwohn besahen die männlichen Alt-Lerchen diese neumodischen Melodien. Unwillig und vielleicht auch unfähig, sich andere Rhythmen einzuprägen, geriet die Probe zu einem Fiasko. Als würden sie in saure Zitronen beißen, quetschten sie die Töne heraus. Einer im Bass konnte auch zum 50. Mal die Synkope im zehnten Takt nicht halten und brummte immer in die Pause hinein. Als der Dirigent dann auch noch verlangte, dass man selbst bei höheren Tönen doch bitte nicht so plärren, sondern auch einmal piano singen sollte, da war es aus mit der Freundschaft. Ähnlich wie bei einem Fußballverein, der seinen Trainer über Nacht entlässt, wurde der Quälgeist mitten in der Probe vom Hof gejagt.

»Früher, ja früher war alles anders«, schwärmte Heinz. »Besser« meinte er damit eigentlich, als er seinem Gesangesnachbarn zuprostete. »Früher haben wir deutsche Lieder gesungen, nicht dieses englische Kauderwelsch.« Die beiden Männer hielten die neueste Ausgabe der Zeitschrift des Verbandes deutscher Männergesangvereine in der Hand. »Lauter englische Lieder! Was sollen wir denn damit?« Der Freund seufzte: »Austreten sollten wir aus dem Verband! Austreten! Oder ganz aufhören!«

Aufhören mit dem Singen? Das kommt für Heinz überhaupt nicht in Frage. Nie im Leben! Nicht nur des Singens wegen, nein, vor allem wegen des regelmäßigen Drumherums, dem Davor und Danach einer jeden Probe oder Veranstaltung. Da lieben es die Sangeshelden nämlich, in der gemeinsamen Vergangenheit zu schwelgen. »Weißt du noch?« Natürlich wissen es alle noch. Jeder noch so kleine Auftritt der verflossenen Jahre wird permanent wiedergekaut und im Nachhinein zu einem musikalisch grandiosen Highlight verklärt. Engelsgleich hatten sie einst gesungen, Tausende von Zuhörern hatten sie verzaubert und in ihren Bann gezogen. Fernsehverdächtig und mindestens wagnertauglich waren sie in ihren glanzvollen Zeiten gewesen. Und zu jeder dieser Lobeshymnen auf sich selbst ölt ein Bier nach dem anderen die begnadeten Kehlen der einstigen Heidelerchen.

Aufhören geht für Heinz außerdem schon wegen eines ganz wichtigen Grundes nicht, gewissermaßen des Hauptereignisses seines Lebens: der eigenen Beerdigung. Nicht auszudenken, wenn da der Männergesangverein nicht in Vollbesetzung und Sonntagsmontur seinen Sarg umrahmen würde! Er würde sich noch als Toter schämen und wahrscheinlich in der Holzkiste rotieren. Man hat ja schließlich nicht ein Leben lang umsonst geträllert! Was würden da die Leute denken! Deshalb hat er schon zu Lebzeiten festgelegt, was es beim Leichenschmaus für seine Freunde zum Essen geben soll. Und das Spendenkuvert für den Gesangverein liegt schon seit Jahren als Anlage beim Testament bereit.

So angetan Heinz von seinem Gesangverein auch ist, so bedingungslos er ihm auch die Stange hält – wenn's sein muss, bis zum bitteren Ende –, für ein offizielles Amt im Verein war er nie bereit. Dafür – so erklärt er stets – hat er keine Zeit.

Selbige Ausrede gilt auch für die beiden anderen Vereine, bei denen Heinz noch Mitglied ist. Beim Obst- und Gartenbauverein, in den er vor Jahren zwangsweise eintreten musste, weil seine Frau Hilde beim Blumenschmuckwettbewerb aus unerklärlichen Gründen einen Preis für ihre Balkonbepflanzung erhielt, und beim Fußballverein, dem er aus Nostalgie seit seiner Jugend angehört und dem er aus Nibelungentreue bedingungslos ergeben ist, auch wenn dieser zu seinem Leidwesen mittlerweile in der schwächsten Vereinsliga stets auf einem der letzten Plätze herumdümpelt. Beiden Vereinen zahlt er zumindest treu und brav alljährlich pünktlich und ohne Murren seinen Mitgliedsbeitrag, hält sich aber ansonsten – aus besagten Zeitgründen – stets zurück.

Ganz im Gegensatz zu Gerd. Auch er ist einer der letzten Gralshüter deutscher Vereine. Aber beileibe nicht nur als zahlender Gast. Er ist ein Vereinsmeier der alten Schule und dazu auch noch absolut postengeil. Gleich drei Ämter hat er inne: als erster Vorstand im Tennisclub, als Schriftführer im Verein der Theaterfreunde seiner Heimatstadt und als Kassenwart im Schachclub. Bei der Postenvergabe auf diesem Jahrmarkt der persönlichen Eitelkeiten hat er sich nicht zweimal bitten lassen. Im Gegenteil. Bei der Wahlversammlung des Tennisclubs in der ersten Reihe sitzend, hat er durch mehrfache Wortmeldungen und einschleimende Wortbeiträge so penetrant auf seine umfassenden Fähigkeiten und Zukunftsvisionen aufmerksam gemacht, dass man gar nicht umhinkonnte, ihm das Amt des ersten Vorsitzenden zu verpassen. Und als bei der Wahl der Theaterfreunde kein anderer Posten als der des Schriftführers mehr übrig war, weil diese Aufgabe kein anderer übernehmen wollte, meldete er sich freiwillig an die Vereinsfront. Ähnlich verlief es dann auch beim Schachclub. »Die Kasse kann eigentlich nur einer ordentlich verwalten, der vom Fach ist!«, warf er holzhammermäßig in die Runde. »Am besten jemand, der aus dem Bankgeschäft kommt!« Und schwups hatte er den Posten.

Gerd versteht es nach allen Regeln der Kunst, sich überall im Vereinsleben unentbehrlich zu machen. Jede Bitte, die an ihn herangetragen wird, erfüllt er nicht nur pflichtgemäß, sondern voller Stolz und nahezu perfektionistisch, sei es die Organisation eines Turniers, der Würstchenverkauf bei einer Vereinsfeier, die Herausgabe einer Festschrift oder aber das Betteln um Spendengelder.

Als der Theaterverein das 100. Gründungsjahr feierte, brachte dieser eine Sonderbriefmarke heraus. Die wollte an den Mann oder die Frau gebracht werden. Also machte sich Gerd auf, tingelte durch alle Geschäfte der Stadt und ging bei allen Bekannten regelrecht damit hausieren. Wochenlang.

Das Ergebnis war sensationell: Alle Marken waren verkauft. Als beim Festakt sein Name dann explizit erwähnt wurde und er eine Ehrenurkunde für sein Engagement erhielt, zerbarst er ob dieser Lobhudelei innerlich fast vor Stolz, obwohl er sich äußerlich selbstverständlich mehr als bescheiden gab. »Man tut halt, was man kann.«

Was seine Vereine angeht, ist ihm keine Arbeit zu viel. Er scheut sich auch nicht, am Bierhahn zu stehen, Bratwürste zu brutzeln oder das Vereinsheim zu putzen. Er trägt Einladungen persönlich von Haus zu Haus und gratuliert jedem Mitglied zum Geburtstag. Ein echter »Gschaftelhuber«, wie man in Bayern solche Typen charakterisiert.

Selbst seine Frau Gerda wird eingespannt. Dutzende Kuchen hat sie schon zu allen möglichen Vereinsfesten beigesteuert.

Es versteht sich von selbst, dass Gerds Protokolle ohne Fehl und Tadel sind und dass seine Kasse stimmt bis auf den letzten Cent. Dafür ist ihm jeder dankbar.

Gefürchtet sind nur seine Reden. Wird ihm das Wort erteilt, aus welchen Gründen auch immer, gehen die meisten Zuhörer vorsichtshalber sofort auf Tauchstation, wohl wissend, was sie erwartet. Spätestens nach einer Stunde driften dann auch die letzten Gutmütigen unter ihnen ins Reich der Träume ab. Denn Gerd redet und redet und hört nicht mehr auf. Als notorischer Besserwisser nützt er jede Gelegenheit, sein geballtes Wissen an den Mann und die Frau zu bringen. Mit erhobenem Zeigefinger und aufgesetztem Charme präsentiert er sich als zukunftsträchtiger Weltverbesserer und gleichzeitig als Ordnungshüter festgefügter Hierarchien.

Allerdings hat häufig vieles, was er da voller Elan zum Besten gibt, überhaupt nichts mit der aktuellen Situation des Vereins zu tun. Gerd kommt vom Hundertsten ins Tausendste. Dabei ist durchaus bemerkenswert, wie er letztlich jedes Mal den Riesenschwenk schafft, von der allgemeinen Weltlage ausgehend wieder im Vereinsheim zu landen – zum Beispiel von der Tatsache, dass es seit Steffi Graff und Boris Becker mit dem Tennissport und dem Sport im Allgemeinen in Deutschland bergab geht, bis hin zur eigentlichen Frage, wer denn beim Herrichten des heimischen Platzes hilft.

Widersprechen darf ihm niemand. Hat er einmal eine Meinung gefasst, hält er stur an ihr fest. Auch Nachfragen sind sehr selten geworden, geben sie doch nur den Anstoß zu einem weiteren Redeschwall von Gerd. Jeder ist gottfroh, wenn er – von Adam und Eva kommend – endlich auf die anstehende Renovierung der Toiletten des Vereinshauses zu sprechen kommt. Gerd interpretiert diese Stille, die sich bei seinen geistigen Ergüssen stets ausbreitet, als Hinweis darauf, dass er wieder eine Schlacht gegen die Schieflage der Welt geschlagen hat, und verbucht es als vollen Erfolg.

Heinz musste ein einziges Mal solch eine fundamental anmutende Rede seines Freundes über sich ergehen lassen. Er rutschte auf seinem Stuhl hin und her, von Minute zu Minute unruhiger werdend, und regte sich maßlos auf. »Dummschwätzer« und »Wichtigtuer« waren noch die harmlosesten Schimpfwörter, die er seiner Frau Hilde zuraunte.

Den Vogel abgeschossen hat Gerd einmal bei der Jahreshauptversammlung des Schachclubs. Er hatte sich – natürlich freiwillig – dazu bereit erklärt, einen kleinen Rückblick auf einen gemeinsamen eintägigen Vereinsausflug zu geben. Mit Fotos. Tagelang bereitete er sich darauf vor. Dann kam der entscheidende Abend. Er baute auf: Leinwand, Laptop, Lautsprecher. Was nun folgte, war Quälerei pur für alle Anwesenden: ein Gruppenfoto aller Schachfreunde vor dem Einsteigen in den Bus mit genauer Namensnennung jedes Einzelnen, ein Foto beim Aussteigen, eines vor dem Rathaus, eines vor dem Mittagessen und noch eines und noch eines – untermalt mit Musik von Händel oder Beethoven. Dazwischen wurde jeder einzelne Schritt jedes Teilnehmers dokumentiert. Waren anfänglich noch begeisterte Zwischenrufe zu vernehmen – wie zum Beispiel »Schau mal, das ist doch die Erna!« oder »O Gott, wie seh ich denn da aus!« oder »Schon wieder hab ich auf dem Bild die Augen zu!«, so trat nach einer Stunde frustrierte Stille ein, nach einer weiteren Stunde gefolgt von immer lauter werdenden Privatgesprächen über alles andere, nur nicht über den Ausflug.

Pünktlich zu Beginn des Pensionistenalters hat Gerd noch ein weiteres lohnendes Vereinsobjekt entdeckt, eines, bei dem man ganz schnell aufsteigen und Karriere machen kann: die Kirchengemeinde seiner kleinen Stadt.

Gerda und Gerd waren schon von jeher fleißige Gottesdienstbesucher, wenn auch nicht unkritisch gegenüber dem Bodenpersonal des Herrn. Irgendwann sprach der Pfarrer Gerd an, ob er gewillt sei, ihm und seiner Gemeinde zur Hand zu gehen, jetzt, da er als Pensionist doch mehr Zeit zur Verfügung habe. Die Gemeinde brauche dringend einen kompetenten Mitstreiter, und er sei doch als Beamter prädestiniert für so einen Posten, für den ein gewisses Format und eine grundlegende Allgemeinbildung Voraussetzung seien.

Die Ansprache ergoss sich über Gerd wie Öl. Sofort stimmte er zu. Und änderte seine Meinung grundlegend. In Sekundenschnelle. Wie ein Fähnchen im Wind. Plötzlich war alles, was mit dem Pfarrer oder den anderen Verantwortlichen der Kirche auch nur im Geringsten zu tun hatte, zu 100 Prozent in Ordnung. Nichts wurde mehr hinterfragt, nichts mehr angezweifelt. Alles war bestens. Punkt.

Zunächst bestand seine erste Aufgabe darin, die Kollekten der Gottesdienste zu verwalten. Dann arbeitete er sich binnen weniger Monate empor bis zum Hilfsmessner, und nun steht er nach nur zwei Wochenendfortbildungen als kirchlicher Gipfelstürmer jeden zweiten Sonntag am Lesepult und verkündet gewissermaßen als Hilfspfarrer das Wort Gottes. Was für ein Aufstieg!

Seine wahre Berufung und offenbar die Erfüllung seiner innersten Wünsche fand Gerd jedoch im Aufbau eines kirchlichen Seniorenkreises. Selbst schon auf einer seniorenclubfähigen Lebensstufe angelangt, »betreut« er nun »die Alten« seiner Gemeinde, ungeachtet dessen, dass viele dabei sind, die im selben Alter oder sogar noch jünger sind als er selbst. Doch in seiner übersteigerten Selbstwahrnehmung fühlt sich Gerd um Jahrzehnte rüstiger und fitter.

Als Heinz ihn darauf einmal voller Spott ansprach, dass die von ihm wie Kleinkinder behandelten Ruheständler ja eigentlich lauter gleichaltrige Kameraden seien und er durchaus umgekehrt auch schon zu den betreuungswürdigen Betagten gehöre, meinte er entsetzt: »Meinst du mich? Aber das sind doch lauter alte Leute!«

Die Treffen finden meist am Nachmittag statt und beginnen mit einem gemütlichen Kaffeetrinken. Mit Tischdekoration und Kuchen von Gerda. Gerd organisiert. Denn er ist der Chef. Er liest Geschichten vor und gibt Ratschläge. Er unterhält, er informiert und belehrt. Der Altentreff ist die ideale Plattform für seine Selbstverwirklichung, die beste Gelegenheit, seine Bildung zur Schau zu stellen. Die Gäste reiferen Alters lassen sich gerne von ihm entführen, ist dies für sie doch eine wunderbare Gelegenheit, ihrer Langeweile einen Nachmittag lang zu entfliehen. Und da ist es schließlich egal, ob man einem ellenlangen Vortrag über Bräuche lauscht, die man selber ein Leben lang demonstriert hat und in- und auswendig kennt, oder ob man einen Film über eine von Gerds Reisen serviert bekommt. Man kann sich ein paar Stunden von vorne und hinten bedienen lassen und braucht keinen Finger zu rühren. Und Gerd genießt seine Wichtigkeit, fühlt sich unentbehrlich und unersetzbar, eben rundum glücklich. Somit ist allen geholfen. Neudeutsch eine klassische Win-win-Situation.

Heinz denkt nicht im Traum daran, an so einem »Altersauflauf« teilzunehmen, und hat es auch seiner Hilde mit unheildrohenden Worten verboten, nur einen Fuß in Richtung eines solchen Events zu bewegen, obwohl Gerd kräftig die Werbetrommel rührt: »Du gehörst doch noch nicht zu solch einem Krampfaderngeschwader!«

In einer Hinsicht sind Heinz und Gerd, die beiden so unterschiedlich gepolten Vereinskasper, aber deckungsgleich. Wenn es nämlich darum geht, für langjährige Vereinszugehörigkeit gebührend geehrt zu werden. Sie rechnen sich genauestens aus, wann sie 30, 40 oder gar 50 Jahre in ihren Vereinen sind, und fiebern schon Monate vorher dem Moment entgegen, wenn sie deswegen irgendwelche Ehrungen empfangen dürfen. Mit Foto im Lokalblatt, versteht sich, vor dem Bauch eine Urkunde im DIN-A4-Format haltend, für Nachbarn und ehemalige Kollegen als Hinweis ihrer nach wie vor ungebrochenen Wichtigkeit.

Sowohl Gerd wie auch Heinz haben schon eine ganze Reihe von Plaketten und Anstecknadeln in Silber und Gold, mit und ohne Ehrenkranz, an das Revers gesteckt bekommen, doch davon haben sie anscheinend nie genug. Sie sammeln ihre

Altersorden wie andere Oscars. Die Veranstalter der Versammlungen, in denen solches Schulterklopfen zelebriert wird, sind wiederum froh, wenn sie irgendjemanden pressewirksam als treues Mitglied vorführen können. Denn damit rückt ihr Verein wieder einmal ins Licht der Öffentlichkeit und ruft bei manch einem einen Aha-Effekt hervor im Sinne von »Was? Den Verein gibt's immer noch?«. Eine Konstellation also, von der alle Beteiligten profitieren.

Nur die beiden Ehefrauen, Gerda und Hilde, können nichts mit der Ehrungssucht und der Ordensgeilheit ihrer Göttergatten anfangen.

»Stell dir vor, morgen Abend muss ich mit zur Jahreshauptversammlung des Gesangsvereins! Einen ganzen Abend lang muss ich mir das Geschmarre anhören, was im letzten Jahr alles passiert ist und wie viel Geld ausgegeben oder eingenommen wurde.« Hilde seufzt in das Telefon.

»Du Arme! Aber warum musst du denn da mit hin?« Gerda signalisiert augenblicklich Verständnis.

»Heinz kriegt schon wieder eine Urkunde.«

»Und wofür?«, will Gerda wissen.

»Was weiß ich! Wahrscheinlich bloß wieder wegen seines Alters. Als ob das eine Leistung ist! Das Alter!«

Gerda schüttelt mitsamt Telefonhörer den Kopf. »Wirklich ein Granatenblödsinn! Aber mein Gerd ist genauso. Dabei merken die zwei gar nicht, dass sie eigentlich Auslaufmodelle sind. Billig zu haben!«

Jetzt muss Hilde lachen. »Hast ja recht. Vielleicht sollten wir ihnen irgendwann die Anstecknadeln auf einem Samtkissen vor ihrem Sarg hertragen!«

## 11

*Sportskanonen*

Sie joggen und walken, verrenken ihre Gliedmaßen bei Pilates und suchen ihre Mitte bei Qigong. Sie pflegen ihre Seelen bei autogenem Training und Yoga und lassen ihre Muskeln durch Heerscharen von Physiotherapeuten, Krankengymnasten und Masseuren aktivieren. Nein, die Rede ist nicht von Spitzensportlern mit Meisterschaftsallüren, nicht von Profifußballern mit Bankkonten in schwindelerregender Höhe und auch nicht von Rennfahrern mit Ferraris. Das neu rekrutierte Heer aus Sportlern besteht überwiegend aus Angehörigen der heutigen Generation 60+. Der Sport hat die Rentner und Pensionäre für sich entdeckt – und umgekehrt.

Dabei ist ein völlig neuer Wirtschaftszweig entstanden, unglaublich innovativ und lukrativ. Spezielle Sportgeräte für Senioren, exklusive Fitnessstudios, die auch vormittags geöffnet haben, wenn andere arbeiten müssen, Kurse für alle Körperteile von der Zehe bis zu den Ohren, dazu schicke Outfits, die körperliche Altersdefizite geschickt kaschieren, all das ist in den letzten Jahren wie Pilze aus dem Boden geschossen und hat Stadt und Land überschwemmt.

Wer also im Rentenalter etwas auf sich hält, sportelt. Irgendwie. Das gehört zum guten Ton. Wer es nicht tut, ist out, wird belächelt, kritisiert oder gar bestraft. Sport für Senioren ist nicht nur hoffähig geworden, nein, er wurde sogar zur Pflicht erklärt und – man glaubt es kaum – wird teilweise sogar bezahlt, nämlich von manchen Krankenkassen. Sport, eigentlich ein Freizeitvergnügen, wird von der Gesellschaft finanziert. Von denen, die arbeiten. Die Begründung klingt zunächst logisch. Man will altersbedingten Krankheiten vorbeugen, welche die Gesellschaft teuer zu stehen kommen. Hm.

Jetzt müssen wir nur noch darauf warten, bis Theater- und Opernbesuche Pflicht werden. Kostenlos natürlich. Für die Erhaltung des seelischen Gleichgewichts ab einer gewissen Altersgrenze. Oder wie wäre es mit der Verpflichtung, jede Woche ein Buch zu lesen? Eines, das nichts kostet, versteht sich. Um den Bildungsstand der Bürger auf einem bestimmten Level zu halten. In Großschrift gedruckt, um Brillengläser zu schonen.

Wichtig wäre es auch, eine Stunde pro Tag zu lachen. Das soll nämlich auch äußerst gesund sein. Vergleichbar mit einer Ganzkörpermassage. Der ganze Inhalt des Bauches wird dabei durchgewalkt, vom Zwerchfell bis zur Milz.

Zur Kontrolle könnte man ja Chips irgendwo im Körper einpflanzen – am besten im Hintern –, die peinlich genau registrieren, wie viele Stunden man sportlich aktiv war, gelacht oder sich ein Buch zu Gemüte geführt hat. Ein Bonussystem wäre in diesem Zuge auch nicht schlecht, so wie es ja schon für Nichtraucher und Schlanke angedacht ist. Die Lachsalven könnten praktischerweise gleich am Wackeln des Bauches gemessen werden. Die Mitgliedschaft in Sportvereinen könnte man mit einem Punktesystem erfassen, und anhand der Messungen und der Laufdaten an den Handgelenken könnte man dann ein Prämiensystem entwickeln. Das wiederum könnte mit der Rentenhöhe kombiniert werden. Und wer am Ende des Lebens dann so fit ist, dass er gesund stirbt und am besten noch selbst in den Sarg hüpft, bekommt eine Sonderprämie in Form eines Blumengebindes. Größe angepasst an die Auswertung des Chips.

Wenn Heinz und Gerd auf das Thema Sport zu sprechen kommen, ist Feuer unter dem Dach. Gerd ist nämlich der

Supersportler schlechthin und Heinz das absolute Gegenteil. Nur Ski fährt er noch. Ansonsten lautet sein Motto, etwas abgewandelt: »Sport ab einem gewissen Alter ist Mord!«

Das Skilaufen hat Heinz nur deshalb nicht aufgegeben, weil jedes Jahr Ende Februar eine kleine, aber feine Truppe aus seiner Ortschaft für eine Woche in die Alpen fährt. Und da will er unbedingt mit. Allein, ohne Hilde, die völlig unsportlich ist.

Er hebt zwar das Durchschnittsalter der Gruppe um ein Beträchtliches, denn die meisten der Teilnehmer sind höchstens halb so alt wie er, doch das stört Heinz nicht. Es ist ja auch nicht unbedingt das Skilaufen, auf das es ihm ankommt, sondern das Drumherum. Das Après-Ski, wie er im Freundeskreis prahlt. Die jungen feschen Frauen, die feuchtfröhlichen Abende. Dafür kann man sich schon dreimal eine etwas schwierigere rote Abfahrt hinabquälen. Und wenn es gar nicht mehr geht, gibt es ja mittlerweile überall diverse Skihütten zum Verweilen zwischendurch. Vorteil: eine gesunde Gesichtsfarbe, falls die Sonne darüber lacht.

Gerd bekommt regelrechte Aggressionen, hört er solchen Erzählungen seines Freundes zu. Auch er fährt selbstverständlich noch Ski. Mit Gerda. Aber beide wedeln von aller Herrgottsfrühe bis zum Einbruch der Dämmerung, bis der Liftbetrieb schließt. Ob es nebelt oder schneit. Sie haben ja einen teuren Skipass erstanden, und der muss abgefahren werden, koste es, was es wolle. Er muss sich rentieren, ob es nun Spaß macht oder nicht.

Zum Abendessen wird im Gemeinschaftsraum der Pension eine vom Metzger gekaufte Brotzeit vertilgt, und zur Belohnung für den aktiven Tag wird ein Bier getrunken. Noch vor 10.00 Uhr wird dann zum Schlafengehen geblasen. Von wegen Après-Ski oder gar eine Runde an der Bar. Man muss ja am nächsten Morgen wieder fit und als Erster an der Liftstation sein. Schließlich hat man schon zu Hause wochenlang Skigymnastik trainiert, und das muss sich doch auszahlen!

Dafür legt Gerd gesteigerten Wert auf die Ausrüstung. Von den Skiern über die Schuhe bis zu Anorak und Helm muss alles top sein, ob es nun die Sicherheit betrifft oder die Mode. Da ist das Beste gerade gut genug. Pfeif drauf, was es kostet! Die übliche Sparsamkeit und der Geiz werden für diese spezielle Lebensdisposition ad acta gelegt. Natürlich muss dementsprechend überall das vornehme Markenzeichen klar sichtbar sein. Unter Adidas, Head oder Bogner geht nichts. Ehrensache.

Für Heinz dagegen ist dies alles völlig zweitrangig. Sein Skianzug ist vorsintflutlich, verdeckt aber halbwegs seine Leibesfülle. Und die Skischuhe bringen die Skiverleiher jedes Jahr ins Schwitzen, wenn sie die Bindungen dafür einstellen müssen. Denn eigene Skier besitzt Heinz nicht mehr. Für die sporadischen Urlaube würde sich das auch nicht mehr rentieren. Also werden die Skier geliehen. Aber keinesfalls die Schuhe. »Blasen hole ich mir nicht mehr in meinem Alter! Außerdem weiß ich doch nicht, welche Käsefüße schon in den fremden Schuhen gesteckt haben!«

Als Gerd ihm eines Tages seinen Sportschrank gezeigt hat, ist Heinz aus allen Wolken gefallen. Ein Sammelsurium aller möglichen Sportausrüstungen quoll ihm, fein säuberlich sortiert, entgegen. Tennisschläger für Platz und Tisch, Walkingstöcke und Fahrradhelme, Knieschützer, Kletterutensilien, Wasserflaschen, Pulsmesser und fünferlei Sportschuhe. Dazu Sachen, die Heinz nicht einmal dem Namen nach kannte, geschweige denn, deren Sinn er erfassen konnte.

Gerd treibt nämlich fast jegliche Art von Sport. Nur nicht Golf. Das ist ihm zu elitär und der Jahresbeitrag zu teuer. Offiziell lautet die Begründung für seine Verweigerung dieser Sportart allerdings: »Fürs Spazierengehen zahl ich doch nicht auch noch Geld!« Ansonsten jedoch übt er sich nicht nur in einer Vielzahl althergebrachter Sportarten, sondern probiert auch möglichst viele moderne Hirngespinste aus. Zumba zum Beispiel. Inmitten junger, attraktiver Frauen wackelt auch Gerd begeistert mit dem Hinterteil.

Im Wohnzimmer steht an exponierter Stelle nicht etwa ein flauschiger Kuschel- oder Fernsehsessel, sondern ein Heimtrainer mit Multifunktionen und deutlichen Gebrauchsspuren.

Die Sportausrüstung bei Heinz füllt dagegen ein einziges Schubfach. Darin ist seine Skiausrüstung. Ansonsten beschränken sich seine Sportutensilien auf zwei Teile: Hausschuhe und Bierglas. Beides reicht völlig aus für die drei Arten von Sport, die Heinz bevorzugt: Skispringen, Autorennen und Fußball – alles vom Fernsehsessel aus. Mit der ihm eigenen Selbstironie bezeichnet er sich als »sportlichen Sesselfurzer«.

Hilde passen alle seine drei Lieblingssportarten nicht. Die wichtigsten Skispringen finden immer während der Weihnachtszeit statt, wenn Kinder und Enkel zu Besuch sind. Aber statt sich mit denen zu beschäftigen, hockt Heinz stundenlang vorm Bildschirm. Autorennen findet sie vom Prinzip her stupide und fragt jedes Mal, was man denn daran toll finden könne, wenn ein Fahrzeug nach dem anderen die 25. Runde dreht. Für sie sind die Autos höchstens blau oder gelb. Und Fußball ist für sie ohnehin ein rotes Tuch, blockieren die Berichterstattungen über die Bundesliga doch ausgerechnet am Samstag die schönsten Zeiten: Nachmittags dröhnen die Torschüsse oder verpatzten Torchancen aus dem Radiogerät, abends dann das Gleiche in Grün, aber diesmal mit Fernsehbildern untermalt.

Hilde sorgt sich auch Samstag für Samstag um das Herz ihres lieben Gatten. Denn Heinz ist mit allen Fasern Passivfußballer. Er erleidet jedes Mal seelische Qualen, wenn seine Mannschaft wieder verliert und er um Auf- oder Abstieg bangen muss. Und das muss er jedes Jahr, ist er doch ein bekennender »Cluberer«, ein Anhänger des FC Nürnberg. Davon lässt er sich von niemandem abbringen, lautet seine Devise doch: »Einmal Club, immer Club.«

Sollte einer seiner Lieblingsspieler unfair zu Fall gebracht werden, leidet Heinz sogar körperliche Schmerzen. Dann schallt sein »Aua!« bis zu Hilde in die Küche. Zu Beginn ihrer Ehe ließ sie nach solchen Schmerzensschreien auf der Stelle noch alles fallen und raste schnurstracks zu ihrem Ehemann, in der irrigen Angst, er habe sich irgendwo wehgetan und brauche dringend Hilfe. Mittlerweile aber schließt sie höchstens die Küchentür. Außerdem will sie seine zum Teil unflätigen Kommentare über Gegner und Schiedsrichter nicht mehr hören. Die kennt sie alle auswendig.

Ab und zu wagt Hilde den Versuch, die Sportambitionen ihres Mannes in andere Bahnen zu lenken. Wenn nämlich sein Hosenbund wieder einmal zwickt oder wenn er beim Treppensteigen fünfmal stehen bleiben muss und schnauft wie ein Walross. »Du müsstest eben wenigstens ein bisschen Sport treiben! Dann wärst du auch nicht so dick! Geh halt mal in ein Fitnessstudio! Nimm dir ein Beispiel an Gerd!«

Doch Heinz denkt nicht im Traum daran. Hilde stößt bei ihm auf taube Ohren. Meist ist Heinz nicht einmal zu einem Spaziergang mit ihr zu bewegen. »Ich musste schon als Kind immer einen blödsinnigen Sonntags-Spaziergang mit meinen Eltern machen. Das hat mir gereicht fürs ganze Leben! Jetzt, im Alter, darf ich doch wohl entscheiden, was *ich* will, oder nicht?«

Außerdem kontert er jedes Mal, dass er sich doch wohl genug bewege. Im Sommer muss das Rasenmähen als Begründung herhalten und im Winter das Schneeschippen. »Kannst du ja mal machen, dann wirst du schon merken, wie anstrengend das ist!« In so einem Fall ist Hilde die Gekränkte. Also geht sie am Sonntagnachmittag wieder allein spazieren.

Auch die ehrenwerten Versuche seines Freundes Gerd, ihn zu mehr körperlicher Aktivität zu bewegen, scheiterten bislang kläglich. Nun hat es Gerd aufgegeben, gerieten beide doch jedes Mal darob in Streit, und außerdem will er sich nicht wieder der Häme durch Heinz aussetzen.

Der hält nämlich mit seiner Meinung nicht hinterm Berg. »Unsere Väter täten sagen: Arbeite lieber etwas, als wie eine Hupfdohle bei Zumba herumzuhopsen. Dann wirst du schon von selber müde!« Sieht er Gerd mit den Trekkingstöcken herumlaufen, frotzelt er, dass man zum Skilaufen früher Skier und Schnee gebraucht habe; und sieht er Gerd mit dem neuesten Fahrradhelm, ruft er ihm nach: »Wie sind wir bloß so alt geworden, und wie haben wir unsere Jugend ohne Helm bloß überlebt?«

Fährt Gerd in puncto Körperbewegung sein allerletztes Geschütz gegenüber Heinz auf und malt in dunkelsten Farben das Bild eines gehbehinderten Schlaganfallpatienten, der ganz ungesund gelebt habe, so hat Heinz stets ein gutes Dutzend Gegenbeispiele parat: Bekannte, die alle weder geraucht noch getrunken hatten, die nie in ihrem Leben dem Sport gefrönt hatten und die trotzdem schon in jungen Jahren verstorben sind. Kracht und knirscht es ab und zu in einem seiner Gelenke, so lautet seine Ausrede mal wieder: »Ich bin eben jetzt in einem knackigen Alter.«

Gerd ist im Gegensatz zu Heinz topfit und durchtrainiert vom Scheitel bis zur Sohle. Irgendwelche Wehwehchen in den Gelenken oder Blessuren versucht er zu ignorieren. Zwickt es aber doch irgendwo einmal etwas schlimmer, dann gibt es dagegen ja jede Menge Salben oder Tabletten. Gelenkwärmer für Knie und Ellenbogen sind auch nicht zu verachten.

Ansonsten aber hält er sich mit eisernem Willen an seine von ihm selbst aufgestellten Sportspflichten. Im Sommer wird geschwommen, jeden Morgen eine halbe Stunde, immer zur gleichen Zeit. Im Herbst geht es zur Skigymnastik und ins Fitnessstudio, im Winter wird Ski gefahren, Abfahrt oder Langlauf, und im Frühjahr sind Radeln und Nordic Walking dran.

Nur das Datum, wann das jeweilige Programm wechselt, liegt nicht genau fest. Das hängt etwas von der Entscheidung des Petrus ab, davon, wann er Schnee fallen oder selbigen wieder dahinschmelzen lässt. Ganzjährig kommen dazu noch einige weitere, jahreszeitenunabhängige Körperertüchtigungsmaßnahmen, wie zum Beispiel der tägliche Spaziergang mit seinem Hund Blacky. Ach was, Spaziergang! Zweimal eine Stunde strammer Fußmarsch trifft es eher. Jedenfalls ist der Hund nach jedem Marsch völlig k.o.

Nicht zu vergessen der Vereinssport. Gerd ist aktives Mitglied im Tennisverein und spielt in der Altherrenmannschaft. Trainiert wird einmal wöchentlich. Nicht etwa am frühen Vormittag, denn da haben ja weder Rentner noch Pensionäre Zeit, sondern abends zwischen 17.00 und 20.00 Uhr, zu einer Zeit also, zu der normalerweise auch die arbeitende Bevölkerung den Platz benutzen könnte. Der wird aber von den Alten blockiert.

Ist ja auch ganz wichtig, denn diese müssen sich ja für ihre Turniere vorbereiten. Sie kämpfen mit- und gegeneinander und ab und zu auch gegen einen Nachbarverein. Nicht falsch verstehen: Der Verein aus dem Nachbarort ist nicht etwa ein feindlicher Angreifer, den man unter allen Umständen vernichten muss, sondern besteht – sieht man es bei Licht – aus lauter liebenswürdigen älteren Herren, mit denen man ansonsten freundschaftlich verbunden ist – sieht man von den Turnieren ab. Natürlich gibt es hüben wie drüben einige, die diese Freundschaft auch auf den Platz tragen. Sie freuen sich, dass sie die Gegner wieder einmal zu Gesicht bekommen, schäkern miteinander und lachen sich krumm, landet der Ball das zehnte Mal im Netz oder fliegt die seltsamsten Bahnen.

Zu dieser Sorte Spieler aber zählt Gerd nicht. Sport ist für ihn eine ernste Sache, und erst recht ein Turnier. Da zählt nur eines: gewinnen, gewinnen, gewinnen! Wird ein Turnier angepfiffen, läuft Gerd zu Höchstform auf. Er spielt nicht, er kämpft und fightet bis zum Umfallen. Verbissen und kompromisslos. Wagt es ein Partner aus seiner eigenen Mannschaft, bei einer missglückten Aktion entschuldigend und besänftigend anzumerken: »Ist ja nur ein Spiel!«, so trifft ihn Gerds gesamter Ehrgeiz wie ein Vorschlaghammer: »Ich bin nicht da, um Gaudi zu machen! Ich will, dass wir siegen! Nur das zählt!«

Tritt dann tatsächlich der Fall ein, dass Gerds Mannschaft gewinnt, dann ist natürlich er allein dafür verantwortlich. »Die haben wir ganz schön vom Platz gefegt. Na ja, meine Rückhand war heute auch absolute Spitze!«

Bei Heinz kann er allerdings damit nicht punkten. Da bekommt er höchstens zu hören: »Und wie viel hast du dafür bekommen? Ihr kriegt doch sicher ein Preisgeld, oder? Sonst tut man sich doch so was nicht an.«

# 12

## *Enkel oder Hund?*

»Hätte ich gewusst, wie viel Spaß Enkel machen, hätte ich sie vor meinen Kindern bekommen!« Heinz hebt sein Weinglas und prostet seinem Freund Gerd zu. Dieser dreht etwas nachdenklich am Stiel seines Glases. »Da kann ich leider nicht mitreden. Ein bisschen beneide ich dich schon. Gerda und ich, wir haben halt keine Enkel. Aber dafür unseren Blacky. Dieser Hund hält uns ganz schön auf Trab. Da kommen selbst deine Kleinen oft nicht mit!«

Beide Freunde, Heinz und Gerd, sitzen wie jeden zweiten Donnerstagabend im Monat in ihrer Stammkneipe und warten auf zwei weitere Kumpels aus der gemeinsamen Schulzeit. Skat ist angesagt. Heute aber gibt es noch ein anderes wichtiges Gesprächsthema: Heinz ist zum dritten Mal Großvater geworden. Ein weiterer Junge in seiner Enkelsammlung, die hoffentlich noch lange nicht abgeschlossen ist. Darauf muss man natürlich im Freundeskreis mit einem guten Tropfen anstoßen, »den Buben pinkeln lassen«, wie es im Volksmund heißt und wie es alter Brauch ist. Heinz lässt sich da jedenfalls nicht lumpen.

Er ist ein begeisterter Großvater, aber auch einer mit Haken und Ösen. Zwar würde er alles für seine Enkel tun, wie er bei jeder Gelegenheit verkündet, aber doch mit Maß und Ziel. Übertreiben muss man ja nicht gleich.

Heinz kann sich noch sehr gut an die Geburt des ersten Enkels erinnern. Ganz vorsichtig hat er ihn gehalten. Aus Angst, ihm auch nur ein Härchen zu krümmen. Er konnte sich gar nicht sattsehen an den Minihändchen und -füßen. An die Zeit, als die eigenen Kinder klein waren, kann er sich wenig erinnern. Damals war er voll in seinen Berufsstress eingebunden gewesen, und viele Entwicklungsschritte seiner Kinder waren an ihm leider fast unbemerkt vorbeigegangen. Nun wollte er das Versäumte quasi beim dritten Enkelkind nachholen.

Da er just in diesem Jahr in Rente gegangen war, hatte seine Tochter daraufhin die berechtigte Hoffnung gehegt, er könnte doch ab und zu auf den kleinen Mann aufpassen. »Kein Problem«, versicherte er ihr auch großmundig, »nur Kinderwagenschieben tu ich nicht.« Das hatte er schon bei den eigenen Kindern abgelehnt, er fand es schlichtweg unmännlich. Aber einmal eine Stunde neben dem Stubenwagen sitzen, bis die junge Frau vom Einkauf zurück war, da war wohl wirklich nichts dabei. Vor allem, wenn das Baby schlief.

Gesagt, getan. Der neugeborene Säugling schlief, während Mutter und Großmutter zu einem gemeinsamen Großeinkauf aufbrachen. Windeln vor allem. »In einer Stunde sind wir wieder zurück!«

Der frischgebackene Opa war mit dem Enkel allein. Doch kaum hatten die Frauen das Haus verlassen, strömte aus dem Stubenwagen ein unguter Geruch und stieg dem neugeborenen Großvater beißend in die Nase. Gleichzeitig erwachte der kleine Mann und begann ein fürchterliches Geplärre. Was tun? »Wahrscheinlich kann er es nicht ertragen, in einer vollgepfefferten Windel liegen zu müssen«, schoss es dem Großvater durch den Kopf. »Er muss gewickelt werden. Was mach ich da bloß?«

Tapfer holte er eine dieser neumodischen Windeln und betrachtete sie von vorn und hinten. Wie sollte das denn funktionieren? Und wie sollte er den Kleinen abputzen? Ein Blick auf die Uhr zeigte, dass die Stunde sich noch lange nicht dem Ende zuneigte. Außerdem wären Frau und Tochter sicherlich wieder total unpünktlich. Kurzentschlossen griff er sich den Säugling samt Windel und marschierte damit quer über die Straße zur Nachbarin. Er hatte Glück. Sie war zu Hause und befreite sowohl das kleine Kind aus der stinkenden Windel wie auch den Großvater aus der peinlichen Lage.

Erst seitdem seine Enkel etwas größer sind, laufen können, nicht mehr in die Hose pinkeln und mindestens den Kindergarten besuchen, kann Heinz mit den dreien wirklich etwas anfangen. Nun bringt er ihnen alles bei, was bei ihm unter der Rubrik »Blödsinn« läuft. Den Großen lehrt er, Pudding durch die Zahnlücke zu spritzen, und mit den Kleinen übt er Kirschkernspucken. Aus seinem Gedächtnis kramt er alle alten Spaß- und Quatschsprüche hervor und wird nicht müde, diese zu wiederholen.

Wenn dann am Weihnachtsabend der Älteste stolz sein Weihnachtsgedicht präsentiert, dann platzt er fast vor Stolz: »Der Weihnachtstisch steht öd und leer, die Kinder blicken blöd daher. Da lässt der Vater einen krachen, die Kinder lachen. So kann man auch mit kleinen Sachen den Kindern eine Freude machen.« Am lautesten lacht dabei der Großvater.

Heinz überlässt den Kleinen freiwillig sein Bett zum Schlafen und verliert absichtlich bei »Mensch ärgere dich nicht«. Er kauft ihnen Flotten von Spielzeugautos und lässt sie auf seinem iPad stundenlang stumpfsinnig Burgen zerschießen. Letzteres allerdings ganz und gar nicht im Einklang mit seiner Tochter. Deshalb schenkte er seinem Enkel zum Geburtstag ein T-Shirt mit der Aufschrift: »Wenn Mama und Papa nein sagen, frage ich Opa.«

Zwar kann er auch keinem schmeichelnden »Krieg ich ein Gummibärchen?«, vorgetragen mit großen Kinderaugen, widerstehen. Aber wehe, die Kinder sind dann schon vor dem gemeinsamen Mittagessen wegen der vielen Süßigkeiten pappsatt und ihre kleinen Mägen verweigern sowohl Klöße wie Schweinebraten, dann versteht er die Welt nicht mehr. Dann erwacht in ihm prompt der längst ausgemusterte Zeitgeist von vor über 50 Jahren, als es noch hieß: »Gegessen wird, was auf den Tisch kommt.«

Apropos Essen, besser gesagt Tischmanieren. Heinz, der ja sonst nicht in allen Belangen der feinsten und edelsten Sorte Mensch zuzuordnen ist, legt seltsamerweise gesteigerten Wert auf äußerst ordentliches Benehmen am Tisch. Klappt das nicht, wie er es sich vorstellt, ist es mit seiner stoischen Gelassenheit vorbei. Dann wird belehrt, kritisiert und erzogen, was das Zeug hält – mit pädagogisch abenteuerlichen Sprüchen und Ermahnungen, die ihresgleichen suchen. Schlürfen oder schmatzen die Kleinen, läuft bei ihm angeblich über dem rechten Arm Gänsehaut auf. Eine in die Luft gestreckte Gabel kann besonders in der Vorweihnachtszeit herumfliegenden Weihnachtsengelchen die Augen ausstechen. Tropfen auf der Tischdecke markieren die Straße nach Schweinfurt, und den Ellenbogen auf den Tisch stützen und sich darauf lümmeln, das machen nur die Chinesen. Aufstoßen geht gar nicht, denn »wir sind hier nicht im Kuhstall!«. Es sei denn, er selber tut es. Dann genügt als Entschuldigung ein kleines »Hoppla«. Beginnen die Kinder mit dem Essen, bevor alle am Tisch sitzen, lässt er ein scharfes »Öha!« vom Stapel. Fängt allerdings er selbst vorzeitig an, weil er vor Gelüsten nicht warten kann, läuft das unter der Überschrift »Probieren«.

Eine Herzensangelegenheit für ihn ist in diesem Zusammenhang auch, seinem erstgeborenen Enkel das richtige Enthäuten einer Weißwurst beizubringen. »Man schneidet doch die arme Wurst niemals der Länge nach auf! Wenn du sie so aus der Haut herausquetschst, wird sie doch nur kalt! Ringe schneiden! Quer! Dann einzeln herausdrehen! Probier es doch mal!«

Und schon hantiert er mit seinem Besteck auf dem Teller des Kleinen herum. »Schau her, so macht man das! Nur so!«

Sein Enkel, dessen Lieblingsessen am Wochenende lange Zeit Weißwürste waren, verabschiedete sich nach einem Jahr intensiver Weißwurstessen-Demonstration seitens seines Großvaters freiwillig von seinem Frühstückswunsch. Mittlerweile bestellt der Enkel sich lieber Wiener Würstchen, was den Großvater aber nicht davon abhält, das wöchentliche Weißwurstzeremoniell beizubehalten, nun aber auf seinem eigenen Teller.

Natürlich besteht Heinz auch darauf, dass der Teller stets leer gegessen wird. Wie einstens zu seiner Zeit. Die Predigt über die Not der Kinder in Indien kennen die Kleinsten schon in- und auswendig. Und natürlich auch den von unzähligen Kindergenerationen vor ihnen schon gehassten, aber offenbar nie aus der Mode gekommenen Spruch: »So lange ihr eure Füße unter meinen Tisch streckt, wird gemacht, was ich sage.«

Trotz aller (wenn auch wenigen) Misstöne lieben die Enkel ihren Großvater über alles. Nur die Eltern jener Enkel, die das Prozedere des Patriarchen selbst schon erlebt und erlitten haben, verdrehen so manches Mal die Augen gen Himmel, fühlen sie sich doch nicht nur erneut wie seine unmündigen und unreifen Kinder behandelt, sondern auch in ihrer neuen Rolle als Erziehungsberechtigte geohrfeigt. Als ob sie die Kleinen nicht nach bestem Wissen und Gewissen – auch im Einklang mit ihrer eigenen Vergangenheit – großziehen würden. Wie würde der alte Herr erst reagieren, wenn eins von den Kindern in einigen Jahren einmal mit einem Piercing, einem Tattoo oder gar mit Irokesenschnitt auf der Bildfläche erscheinen würde? Nicht auszudenken. Also diese Gedanken schnell zur Seite schieben. Kommt Zeit, kommt Rat.

Dabei mischt sich Heinz ansonsten überhaupt nicht in die Erziehung ein. Zumindest nicht offiziell. Er schimpft nur über die seiner Meinung nach neumodischen und verweichlichten Erziehungsmethoden, wenn es weder Kinder noch Enkel hören. Auf Umwegen, hintenherum: bei Hilde. »Die werden schon sehen, wo sie mit ihrer Erziehung landen. Die Bande wird ihnen bald auf der Nase herumtanzen!« Dann folgt die Litanei der angeblichen Erziehungsversäumnisse. Und Hilde wird nun beauftragt, die Ratschläge an den Mann, sprich an die Kinder zu bringen. Gewissermaßen die Pillen zu verschießen.

Aber Hilde beschwichtigt stattdessen jedes Mal, versucht, die kleinen Ärgernisse unter den Tisch zu kehren, und bittet flehentlich: »Sag ja nix!«, hat sie doch vor einem Familienstreit größte Angst und davor, dass ihre geliebten Enkel dann nicht mehr so oft zu ihr kommen dürfen. Schimpft sie aber selber einmal mit einem der Kleinen, dann schlüpft Heinz augenblicklich in die Rolle des Verteidigers: »Lass sie doch! Sie sind doch Kinder!«

Bei Gerd und Gerda geht es wesentlich ruhiger und gesitteter zu. Zumindest bei den Mahlzeiten. Außer ihnen beiden gibt es da nur noch ein Familienmitglied, und dieses liegt friedlich und mit der Welt im Einklang unter dem Tisch, geduldig darauf harrend, dass ein Leckerbissen abfällt. Es ist Blacky, ihr Hund.

Blacky: nichts Reinrassiges, nur Promenadenmischung. Halbhoch, dumm-treuherzig blickend, verhätschelt und verwöhnt. In Ermangelung anderen Nachwuchses heiß geliebt. Kinder- und Enkelersatz in einem. Vom Stellenwert innerhalb der Kleinfamilie den beiden Erwachsenen durchaus gleichberechtigt. Und in der Rangordnung mindestens an gleicher Stelle wie die Enkel für Heinz und Hilde. Beides – Enkel oder Hund – läuft am Ende auf das Gleiche hinaus. Beide Rentnerehepaare haben diesbezüglich einen Tunnelblick.

Blacky hat mehrere feste Plätze: unter dem Esstisch, auf dem Flauschteppich vor Gerdas Bett und an der rechten Ecke des Wohnzimmersofas. Geheiligte Plätze, die nur ihm vorbehalten sind. Danach hat sich selbst seltener Besuch zu richten. Das tut auch jeder – mit Ausnahme von Heinz. Wenn er seine Freunde besucht, setzt er sich ausgerechnet stets auf dieses dem Vierbeiner vorbehaltene Sofaeck. Extra, aus Prinzip. Zunächst sehr zum Leidwesen seiner Frau Hilde, denn ihr Mann pflanzt sich mitten auf die Hundedecke, die übersät ist mit Hundehaaren, welche nun an seinem Hosenhinterteil festpappen und die Hilde tags darauf mühsam einzeln wieder herauszupfen darf.

Auch Gerda findet dieses Verhalten ihres Freundes Heinz ihrem geliebten Blacky gegenüber schamlos, provozierend und beleidigend zugleich und befürchtet, dass Blacky deswegen einen seelischen Knacks abbekommen könnte, wenn er von so einem wuchtigen Kerl brutal von seinem Platz vertrieben wird. Deshalb hebt sie Blacky jedes Mal tröstend auf ihren Schoß. Daselbst wird er nun gestreichelt und gekrault, von den Ohren bis zum Schwanz. Mit der gleichen Hand schiebt sie dann den Gästen die Kuchenstücke auf den Teller, worauf Heinz jedes Mal erklärt, er sei gerade dabei, eine Diät zu machen, und könne heute leider keine Torte zu sich nehmen. Es tue ihm entsetzlich leid.

Der gute Blacky hat angeblich einen empfindlichen Magen und hin und wieder Verdauungsstörungen. Deshalb bekommt er nur die erlesensten und gesündesten Leckerbissen serviert. Nicht etwa billige Abfallprodukte vom Metzger oder günstiges Hundefutter aus dem Discounter wie die meisten anderen Köter. Nein, Gerda und Gerd sind Stammkunden eines Nobelversandes für Hundefutter. Dort werden die Menüs speziell auf die persönlichen Bedürfnisse der einzelnen Hündchen abgestimmt. Auch für Blacky. Damit er genügend Vitamine bekommt, keine Mangelerscheinungen erleidet und keine Allergien entwickelt. An den hohen Feiertagen gibt es dazu – neben den sündhaft teuren Leckerlis – noch einen Festbraten. Nicht weniger als Rinderlende selbstverständlich. Preisklasse egal.

Es versteht sich von selbst, dass Blacky auch Geschenke bekommt. Zu Weihnachten einen neuen Knabberknochen mit roter Schleife zum Beispiel.
Gute Kunden und gern gesehene Patienten sind Gerd und Gerda auch beim Tierarzt. Denn Blacky wird dort regelmäßig vorgeführt und unter die Lupe genommen. Häufiger jedenfalls als Gerda beim Frauenarzt. Auch zum Tierheilpraktiker wurde der Vierbeiner schon geschleppt, weil er einmal einige Tage lang das edle Fressen satt hatte und verweigerte und sich beharrlich nach artgerechtem, gewöhnlichem Hundefutter sehnte. Das Ergebnis jedoch war, dass er seitdem nur ein bestimmtes Mineralwasser vorgesetzt bekommt.

Wenn Heinz das Getue um diesen Hund so besieht, dann kann er sich manchmal nicht beherrschen, kann seinen Mund nicht halten. Dann platzt ihm schon mal der Kragen. »Jetzt hört aber auf! Mensch bleibt Mensch, und Hund bleibt Hund!«
Diese klare Grenze scheint bei Gerda und Heinz allerdings aufgehoben oder zumindest verschwommen zu sein. Blacky ist Kindern absolut gleichgesetzt. Auch den Enkeln von Heinz. Als dieser einst voller Stolz erzählte, dass seine kleine Enkeltochter schon schwimmen kann, meinte Gerd doch allen Ernstes: »Das kann mein Blacky auch schon!«

Eines Tages wollten beide Ehepaare in ein Restaurant zum Essen. Mitsamt Blacky. Es regnete, Blacky war tropfnass. Der Wirt sah das Tier an, rümpfte die Nase und bat darum, das Vieh doch im Hausflur sitzen zu lassen.
Gerd war fassungslos. Er sah seinem Hund fest in die Augen und verkündete diesem in bestem Deutsch: »Lieber Blacky, wir lassen uns hier nicht beleidigen. Komm, wir gehen!« Und hoch erhobenem Hauptes schritt er mit seinem Hund an der Leine davon.

Laut Gerda und Gerd braucht Blacky eigentlich keinen solchen Hundestrick, keine Leine. Er hat selbstverständlich die Hundeschule besucht und alle Prüfungen mit Bravour gemeistert. Außerdem ist er bestens erzogen und hört auf alle Kommandos. Dazu ist er klug, sanftmütig und freundlich allen anderen Lebewesen gegenüber. Weil Gerd dies weiß und sich dessen hundertprozentig sicher ist, lässt er ihn auch meistens frei laufen. Selbst auf viel frequentierten Spazierwegen.

Da Blacky aber nicht nur lieb, sondern wegen seiner hohen Hunde-Intelligenz anscheinend auch wissbegierig und neugierig ist, pirscht er sich unverfroren an so manchen entgegenkommenden Spaziergänger heran. In keiner bösen Absicht natürlich, meint Gerd. Nur mögen das nicht alle der Angeschnupperten leiden, und nicht alle haben die rosarote Brille auf der Nase wie Gerd, was seinen Vierbeiner betrifft. Bleibt dann gar jemand furchtsam stehen, geht vielleicht vorsichtig einen Schritt zurück oder spricht auch noch die unverschämte Bitte aus, Gerd möge das Hundevieh doch wegnehmen und anleinen, dann trifft er auf null Gegenliebe. »Der tut Ihnen nichts! Der tut niemandem etwas! Der will doch nur spielen!«, versichert Gerd dann jedes Mal mit süßlichem Lächeln. Er kann überhaupt nicht verstehen, dass nicht jeder mit seinem vierbeinigen Augapfel spielen will und dass nicht jeder auf Anhieb erkennt, dass sein Hund nie etwas Falsches oder Unberechenbares tut.

Aber auch Blacky hat es einmal getan, vor zwei Jahren. Stammtischabend. Blacky lag unter dem Tisch. Und plötzlich biss er ohne Vorwarnung einem der ehrwürdigen Stammtischbrüder ins Hosenbein. Ein tiefer Riss zog sich quer durch den edlen Stoff. Das war das einzige Mal, wo die Freunde erlebten, dass Gerd mit seinem Hund ein ernstes Wort sprach. Gewissermaßen von Mann zu Mann.

Ansonsten erlaubt Gerd seinem Blacky nahezu alles, mehr jedenfalls als Heinz seinen Enkeln. Blacky hat sowohl Gerda wie Gerd voll im Griff. Gut, dieses merkwürdige Phänomen affenartiger Hundeliebe betrifft nicht nur Gerd und Gerda, es scheint eine neue Grundeinstellung in unserer Gesellschaft zu sein, die da heißt: Hunde ja, Kinder nein. Verstärkt in der Generation 60+, die sich häufig mit der Erinnerung an ihre eigene Kindheit oder an die ihrer Kinder etwas schwertut.

Als Heinz unlängst mit seinem Enkelsohn spazieren ging, da musste der Kleine Wasser lassen. Heinz öffnete ihm die Hose und stellte ihn vor einen Baum. O weh! Zwei Damen älteren Semesters kamen des Wegs daher. Was nun folgte, spottet jeder Beschreibung. Eine filmreife Szene aus der Kategorie Loriot. Die beiden Frauen blieben wie von einer Tarantel gestochen abrupt stehen, blickten erst missbilligend auf den Jungen und dann strafend auf dessen Großvater. Aufgeplustert wie Puten, die vor dem Rupfen stehen, pflanzten sie sich vor beiden auf und fingen an zu stänkern. Im Doppelpack – miteinander – durcheinander. Sie warfen Heinz und seinem Kleinen Umweltverschmutzung vor, Ungehörigkeit, Vandalismus und sogar Sauerei.

Heinz war zunächst sprachlos, doch in der Hosentasche ballte er die Fäuste und war nahe daran, handgreiflich zu werden. Dann schlug er zurück. Mit zugegebenermaßen nicht gerade feinen Worten. Es kam zu einer vehementen Konfrontation zwischen ihm auf der einen und den beiden Drachen auf der anderen Seite. Die Giftspritzen ließen nicht locker. Es folgte eine Schlacht der Wörter, die von Minute zu Minute lauter und aggressiver wurde. Der kleine Junge stand mit offenem Mund daneben, sichtlich komplett überfordert, mit Tränen in den Augen und mit offenem Hosenladen.

Schließlich packte Heinz seine schärfste Waffe aus. Er fragte die beiden Furien, wer denn in Zukunft ihre Rente finanzieren solle, wenn nicht die jetzigen Kinder. Das verschlug nun sogar den hartherzigen Xanthippen die Sprache. Sie rauschten ab, die Welt offensichtlich nicht mehr verstehend, aber weiter vor sich hinmosernd. Zufällig hob gerade in diesem Moment nur ein paar Meter weiter ein Dackel sein Bein und pinkelte an einen Baum. Da konnte Heinz nicht mehr an sich halten und sandte den beiden Giftspritzen lautstark den frommen Wunsch hinterher: »Da schaut hin! Genau so ein Hund soll euch dann mal im Altenheim pflegen!«

Heinz regt sich auch maßlos auf, wenn es um Hundehalter geht, deren Vierbeiner die Hinterlassenschaften ihrer Verdauung für alle sichtbar an Wegrändern oder gar mitten auf einem Weg oder einer Straße deponieren. Spaziert Heinz alle heilige Zeit einmal mit Hilde am Sonntagnachmittag durch Feld und Wald, was selten genug geschieht, klebt sein Blick fest auf dem Boden, um ja in keine solche »Tretmine« zu tappen.

Hilde dagegen, die gerne in der Gegend herumschaut und eher wie Hänschen-guck-in-die-Luft durch den Sonntag schwebt, hat schon öfter unfreiwillige Bekanntschaft mit so einem stinkenden Brei an ihren Schuhsohlen machen müssen und selbigen dann in das Auto geschleppt, wo er scharf duftend noch wochenlang an den monatlich einzigen Ausflug mit ihrem Gatten erinnerte.

Deshalb passt Heinz jetzt für beide auf. »Achtung! Tretmine rechts vor dir!« Hilde hüpft darüber und läuft im Zickzack. Vor allem gegen Ende des Winters, wenn nach der Schneeschmelze ein Hundehaufen nach dem anderen zum Vorschein kommt, schimpft und flucht Heinz sogar ab und zu bei seinem Freund Gerd über so viel Unvernunft der Tierfreunde. Doch da trifft er wieder einmal entweder auf taube Ohren oder auf heftige Gegenwehr. »Na und? Wofür zahle ich eigentlich Hundesteuer? Da kann die Straßenreinigung schon mal was für mich tun!«

Einen einzigen glasklaren Vorteil kann Heinz wegen Blacky erkennen, und diesen gesteht er auch zähneknirschend ein. Es ist die Tatsache, dass Gerd durch seinen Hund gezwungen ist, täglich zu laufen. Bei Regen, Sonne oder Schnee, mindestens viermal am Tag. Das hält seinen Freund fit und nebenbei schlank.

Alle Hundebesitzer scheinen aus dem gleichen Holz geschnitzt zu sein, scheinen eine besondere Sympathie füreinander zu hegen. Da die meisten wenig fantasievoll sind und in Ermangelung anderer Möglichkeiten immer die gleichen Wege für den Auslauf ihrer Zöglinge wählen, treffen sie zwangsweise immer wieder aufeinander. Zuerst beschnüffeln sich die Vierbeiner und dann die Zweibeiner, also die Herrchen und Frauchen. Da Letztere besonders im Rentner- oder Pensionistendasein mit reichlich Zeit gesegnet sind, überlassen sie mit Großmut zunächst ihren Lieblingen die Hundekonversation. Der weitere Verlauf ist stets der gleiche: Zuerst also Konversation Hund – Hund, dann Konversation der Hundehalter über Hund und schließlich Hundefreund mit Hundefreund über Gott und die Welt. Auf diese Weise sind schon manche Bande zwischen Herrchen und Herrchen oder Frauchen und Frauchen oder diagonal geknüpft worden.

Da kann Heinz nicht mithalten. Sein Bewegungsradius im Freien ist ziemlich eingeschränkt. Genau gesagt: 1 000 Quadratmeter, eingezäunt. Sein Garten. Dort finden gewissermaßen der Auslauf seiner Enkel und seine artgerechte Enkelhaltung statt.

Der Garten von Heinz ist vollgepflastert mit Kindergeräten aller Art: Sandkasten, Schaukel und Trampolin, hölzernes Kinderhaus und gleich zwei Rutschen. Alles kunterbunt und wenig sortiert über den Rasen verstreut. Zum maßlosen Erstaunen von Hilde. Denn bevor die Enkel laufen konnten, duldete Heinz nicht das kleinste Hindernis in seinem Garten. Des Mähens wegen. Die Rasenfläche musste durchgängig frei sein, damit er völlig ungestört mit seinem Rasenmäher darüberrattern konnte.

Hildes Traum war stets gewesen, ein Apfelbäumchen mitten in diese glatte, langweilige Fläche zu pflanzen. Wegen der Blüte im Frühjahr. Dreimal nahm sie Anlauf, doch dann gab sie auf. Denn jedes Mal, wenn da ein neues hilfloses Bäumchen stand, rumpelte Heinz mit seinem Rasenmäher so oft und energisch gegen dessen Stamm, dass es spätestens nach einer Sommersaison kapitulierte und das Jahr darauf das Wachsen und Blühen einstellte.

Heinz war nicht mehr beeinträchtigt und konnte erneut ungebremst agieren. Und jedes Mal weinte nicht nur das Apfelbäumchen, sondern auch Hilde.

Jetzt aber durchschneiden als Folge der zahlreichen Kindergerätschaften zig Befestigungspfosten und Standflächen, Ecken und Kanten den grünen Rasenteppich. Und Heinz beschwert sich plötzlich mit keinem Ton, wenn er mit seinem Rasenmäher mühevoll um jedes Handicap herummanövrieren muss. Selbst wenn er mit seiner Stirn zum 100. Male an den Balken der Schaukel knallt und sich Schramme über Schramme holt, weil er unter den Rutschen hindurchkriechen muss, ist von ihm kein Laut des Lamentierens über irgendeinen Hemmklotz zu hören.

Auch Kindergeschrei findet nun Gnade vor seinen Ohren, selbst zur Mittagszeit, wenn eigentlich sein Rentner-Gesundheits-Schläfchen angesagt ist. Im Gegenteil. Wenn seine Enkel kichern, kreischen oder sogar plärren, dann klingt das wie Musik für Heinz. Selbst bei größtem Kinderradau kann er die Augen schließen und auf der Terrasse friedlich im Schaukelstuhl dösen.

Nicht so Gerd. Er empfindet schon lautes Kinderlachen als Krach, den man bekämpfen muss. Er pocht vehement auf Einhaltung der Mittagsruhe, minutengenau, gesetzestreu. Da lässt er nicht mit sich spaßen. Bei der kleinsten Übertretung hängt er sich ans Telefon und beschwert sich. Bei Nachbarn und beim Hausmeister, sogar bei der Stadtverwaltung.

Als in der Nähe seiner Wohnung ein Spielplatz eingerichtet wurde, dauerte es keine sechs Wochen, bis Gerd bei der zuständigen Stadtbehörde vorstellig wurde und offiziell eine Klage gegen den unzumutbaren Krawall einreichte. Seither dürfen die Kinder nur noch stundenweise diesen Platz benutzen. Freunde macht er sich als bekannter Nörgelfritze in seiner Umgebung natürlich keine, aber das ist ihm egal. Als er seinem Freund Heinz von seiner großartigen Aktion berichtete, da schüttelte dieser verständnislos und fassungslos den Kopf. »Das war ja mal wieder eine reife Meisterleistung von dir. Wie kann man nur so kleinkariert sein! Nie was von Toleranz gehört? Du warst doch auch mal klein!«

Und weil Heinz gerade so in Fahrt war, griff er seinen Freund an dessen empfindlichster Stelle an. »Und was ist mit dem nervigen Gebelle deines Hundes, hä? Kläfft der wohl nur, wenn du es ihm ausdrücklich erlaubst?«

»Aber das ist doch was ganz anderes!« Gerd war leicht verunsichert. »Bellen ist schließlich die natürliche Sprache der Hunde!«

Jetzt reichte es Heinz, die Argumentation seines Freundes ging über seine Hutschnur. »Dann müssen eben die Kinder in deiner Nachbarschaft in Zukunft bellen statt lachen!«

Das Gezanke der beiden Freunde wurde ungemütlich, nahm ernste und verletzende Züge an. Als sich Gerd auch noch anschickte, Schopenhauer zu zitieren, für den das größte Schimpfwort einst »Mensch« gewesen sei, da verließ Heinz den Raum und knallte die Tür hinter sich ins Schloss.

Wochenlange Funkstille zwischen den Freunden folgte, bis Hilde und Gerda die Wogen wieder glätten konnten.

## 13

*Senioren-Zweisamkeit*

»Weiber, Weiber!« Heinz ballte unwillkürlich seine Hände zu Fäusten. Seine »Holde«, wie er seine Frau Hilde seit ihren gemeinsamen Urzeiten auch heute manchmal noch scherzhaft und liebevoll nennt, hatte am Telefon gerade ihrer besten Freundin Gerda ganz aufgeregt verkündet, dass die Tochter einer weiteren Freundin schon wieder ihren Mann gewechselt habe, dass so was doch ein Ding der Unmöglichkeit sei und dass es das früher nie und nimmer gegeben habe. »Und das war sicher nicht das letzte Mal!«, unkte sie. Dabei ereiferte sie sich derart über das angebliche Sodom und Gomorrha, dass Heinz sich verpflichtet fühlte, sich einzumischen.

»Wer hat das denn überhaupt verkündet? Warst du dabei?«, entfuhr es ihm.

Hilde strafte ihren Ehemann mit einem bitterbösen Blick, woraufhin dieser es vorzog, seinen Standort zu wechseln und mit seiner Zeitung ins Wohnzimmer umzuziehen. Er wusste, das Gespräch würde länger dauern und nicht einmal ein Hurrikan würde seine Frau davon abhalten, ihre Neuigkeit in alle Welt hinauszuposaunen. Schließlich kannte er seine Hilde ja schon stolze 42 Jahre. Er wollte aber einfach nicht länger dem »unqualifizierten Geschwätz« seiner Frau zuhören.

Hilde und Gerda waren fast ebenso lange befreundet, hatten sie sich doch über ihre Männer, die sich seit Kindesbeinen kannten, kennengelernt. Die beiden Frauen hatten sich in all diesen Jahren immer sehr viel zu erzählen gehabt. Wenn sie sich mit anderen Freunden trafen oder gemeinsam ein Fest besuchten, saßen sie stets nebeneinander, und dabei tuschelten sie häufig geheimnisvoll miteinander, was den anderen Damen am Tisch des Öfteren gewaltig missfiel.

Das hatte sich aber im Laufe der letzten Jahre etwas geändert, als nämlich die Männer – alle etwas älter als ihre Frauen – langsam, aber sicher schwerhörig geworden waren. Einer nach dem anderen. Also konnten alle Frauen wieder in normalem Tonfall miteinander sprechen, auch Gerda und Hilde, selbst über den Tisch hinweg – verstanden die Herren der Schöpfung doch über eine gewisse Entfernung ohnehin kein Wort mehr.

Als die Damenrunde sich voller Eifer und Elan eines schönen Sommerabends immer forscher und unvorsichtiger laut über ihre Ehemänner und deren häusliche Unsitten echauffierte, da fiel einer dieser weiblichen Hyänen auf, dass einer in der Männerecke sehr still geworden war, und sie machte ihre Genossinnen darauf aufmerksam: »Nicht so laut!«

Doch Gerda, die am nächsten bei den Männern saß, war in Hochform und feuerte eine Schimpfkanone nach der anderen über den Geiz ihres Gerds ab. Dabei hatte sie nicht realisiert, dass es gerade ihr Ehemann war, der da so still neben ihr saß. Deshalb ließ sie sich zu der folgenschweren Antwort hinreißen: »Ach was! Die verstehen doch alle eh kein Wort mehr!«

Doch dieser Ausspruch sollte gravierende Folgen haben. Gerd hatte nämlich alles verstanden. Ausnahmsweise und völlig überraschend. Zu Hause brach dann ein Gewitter über Gerda herein, mit Blitz, Donner und Hagel. Darauf folgten Tage mit Frost und Eiseskälte. Und schließlich entschloss sich Gerd nach langen Tagen des Nachdenkens, eine Entscheidung zu treffen, die einer Kapitulation gleichkam, einer Kapitulation gegenüber seiner verblassenden Jugend. Er kaufte sich ein Hörgerät! Geizig, aber akkurat veranlagt, wie Gerd nun einmal war, nahm er zwar ein Sonderangebot wahr, trug es aber konsequent jedes Mal, wenn er mit Gerda außer Haus ging. Anfangs fiel ihm dieses Eingeständnis eines altersbedingten körperlichen Mangels gegenüber seinen Freunden und besonders gegenüber Heinz doch recht schwer, denn er fühlte sich nicht nur um Jahrzehnte gealtert, sondern auch den anderen gegenüber zurückgesetzt.

Dabei hätte er sich gar keine Gedanken darüber zu machen brauchen, beäugten ihn die anderen Herren der Runde insgesamt doch voller Neid ob seiner mutigen Tat.

Heinz war der Erste, der vorsichtig nachfragte, wie er denn mit den Stöpseln im Ohr zurechtkomme, ob sie denn nicht drückten und was sie gekostet hätten. Hilde hatte ihm zu Hause nämlich gehörig zugesetzt. »Dass Gerd das macht, finde ich einfach großartig!« Und dann folgte der entscheidende Satz seiner Göttergattin, der Heinz jedes Mal bis ins Herz traf: »Na ja, scheinbar hat er ja genügend Geld.« Das fuchste Heinz gewaltig, wenn er von seiner Frau finanziell schlechter als sein Freund eingeschätzt wurde. Er bemerkte nicht, dass Hilde diese Waffe immer gezielt einsetzte.

In diesem speziellen Fall aber kam sie ihm gar nicht ungelegen, hatte ihm doch nur noch der letzte Kick dazu gefehlt, sich auch ein Hörgerät zu besorgen. Denn er war der unbefriedigenden Stimmung in seinem Hause, die wegen seines Hörschadens in den letzten Jahren herrschte, selbst schon lange überdrüssig.

Fast jeden zweiten Satz, den Hilde sprach, musste sie wiederholen. »Was hast du gesagt? Ich versteh kein Wort.« Also setzte Hilde zur dritten Wiederholung an, schon etwas grantiger. Wieder ohne Erfolg. »Sprich halt ordentlich, wie es sich gehört! Du nuschelst ja nur noch!« – »Ich nuschle gar nicht! Du hörst bloß nicht zu!« Manchmal gingen Hilde diese Konversationen derart auf den Geist, dass sie ihrem Mann das bereits Gesagte ein weiteres Mal ins Gesicht brüllte. Dann war er auf der Stelle beleidigt. »Schrei mich nicht so an! Dein Ton mir gegenüber ist alles andere als angenehm! Ich hab dir doch nichts getan!«

Glücklich über diese Streitereien war Heinz wirklich nicht, und deshalb war er im nächsten Schritt dieser Inszenierung dazu übergegangen, nicht jedes Mal nachzuhaken, wenn er etwas nicht richtig verstanden hatte. Dies wiederum führte zu neuen Verwerfungen im Eheleben. Er fühlte sich ausgegrenzt und nicht mehr dazugehörig, weil er nun nicht mehr alles mitbekam. »Mir sagt ja kein Mensch mehr etwas!« oder »Woher soll ich das denn wissen?« waren nun die gängigsten Sätze in den folgenden Streitigkeiten beider Ehepartner. Und alle Beteuerungen Hildes, sie habe ihm das doch schon einige Male erklärt, wischte er vom Tisch.

Auch kam es vor, dass Heinz sich, wenn er nur die Hälfte von dem verstanden hatte, was Hilde sagte, den Rest irgendwie zusammenreimte, was zu völlig falschen Ergebnissen führte. Dann warf er ihr vor, sie habe ihm etwas ganz anderes erzählt. In Extremsituationen gipfelte es in dem Satz: »Du willst mich wohl für dement oder blöd erklären!?« In all den 40 bisherigen Ehejahren hatten sie nicht so oft gestritten wie jetzt.

Der nächste Akt des Hör-Dramas spielte sich dann allabendlich vor dem Fernsehgerät ab. Heinz schaltete das Gerät auf eine Lautstärke, dass Hilde Hören und Sehen verging und nicht einmal mehr das Klingeln des Telefons zu ihr durchdrang. Zum Geburtstag kaufte sie ihm daher spezielle Kopfhörer. Schnurlos und edel. Doch Fehlanzeige. Heinz lehnte sie ab. Mit den Klappen über den Ohren konnte er ja nicht mehr verstehen, welche Kommentare seine Frau zu den Sendungen von sich gab. Also fühlte er sich erneut abgeschoben und ausgegrenzt.

All diese Probleme gingen Heinz nun in einer stillen Stunde durch den Kopf. Geld für so ein Gerät hatte er doch! Aber wenn, dann musste es schon das Feinste vom Feinen sein. Technisch das Ausgereifteste. Ein Mercedes unter den Hörgeräten gewissermaßen. Also zog Heinz los und kam mit zwei Edelexemplaren in einer Silberschachtel zurück.

Als er am nächsten Tag seine Freunde plus Gerd bei der wöchentlichen Schafkopf-Runde traf, hatte er seine Hörhilfen wie eine Trophäe hinter die Ohren geklemmt, sagte jedoch keinen Ton. Aber bei jedem Wort der anderen bemerkte er großspurig: »Warum seid ihr denn alle so laut? Warum schreit ihr denn so?« Schließlich fielen einem der Herren die Stöpsel in seinen Ohren auf.

Und nun war die Zeit da, sich zu brüsten. »Ich habe natürlich nur das Beste genommen. Schließlich weiß man ja in unserem Alter, was man sich schuldig ist.« Dann folgte eine lange Litanei über die technischen Daten dieser neuesten Errungenschaft. Gerd biss sich derweil auf die Lippen, und die anderen, noch hörgerätlosen Herren konzentrierten sich ungewöhnlich lange auf ihr Blatt in ihrer Hand.

Zu Hause aber pflegte Heinz die neuen Geräte ganz und gar nicht wie einen teuren Mercedes. Im Gegenteil. Er verlegte sie am laufenden Band, und Hilde suchte nun Stunde um Stunde danach – waren sie doch nicht so leicht aufzufinden wie sein Handy, das er auch immer an den unmöglichsten Stellen des Hauses deponierte, das man aber im Zweifelsfall anrufen und so orten konnte.

Dabei konnte Hilde schon ein Lied davon singen, die Brille ihres Gemahls aufzuspüren. Darin hatte sie ja schon jahrelang Übung. Auf der Toilette oder im Schuppen, unter dem Autositz oder im Schuhschrank – es gab keinen Ort im Haus, wo er nicht schon mal seine Brille gewissermaßen versteckt hatte.

Nach der jüngsten Errungenschaft Hörgerät hatte Hilde ab sofort auch einen neuen Zweiwortsatz in ihrem Sprachrepertoire, den sie jedes Mal kurz vor dem Außer-Haus-Gehen konsequent abrief, spätestens wenn beide am Schuhschrank angelangt waren: »Brille? Hörgerät?«

Die Hörstöpsel entwickelten sich zudem im Laufe der kommenden Jahre als ziemlich kostspieliges Ehe-Reparaturgerät, ging doch gleich dreimal einer davon verloren. Den ersten verlor Heinz beim Rasenmähen, warum auch immer; das zweite Mal fischte ihm beim Pilzesammeln im Wald ein Fichtenästchen den Stöpsel aus dem Ohr; und das dritte Mal war einer auf geheimnisvolle Weise irgendwie im Hause verschwunden. Dafür musste Hilde die Schuld übernehmen, wie immer. »Den hast du mit Sicherheit in deiner Aufräumwut in den Papierkorb geworfen!«

Ach ja, das Phänomen »Schuld« ... In beiden Ehehäusern ist die Frage der Schuld klar definiert. Gerda hat Schuld – und Hilde auch. Immer. Ausnahmslos. Egal, worum es sich dreht. Völlig wurscht, wer Mist gebaut hat. Regeln sind Regeln, auch wenn sie nirgends festgeschrieben sind. Die Schuld trägt die Ehefrau. Jedenfalls in der Generation 60+. Ungeschriebenes Gesetz!

Zu Beginn ihrer Ehen hatten die beiden Frauen noch tapfer dagegen angekämpft und mit aller Kraft versucht, eine gewisse Gerechtigkeit oder zumindest Fairness im gemeinsamen Leben aufrechtzuerhalten. Doch irgendwann hatten sie kapituliert. Ist das Hörgerät nicht an seinem Platz, ist Hilde schuld. Fehlt die Brille, hat Hilde sie verlegt. Brennt das Licht während der Nacht im Bad, hat Hilde vergessen, es auszuschalten. Ist ein Kratzer an der Autotür, hat Hilde die Tür an ein anderes Auto gedonnert – obwohl sie schon wochenlang das Auto nicht mehr gefahren hat. Und im Hause von Gerda und Gerd ist es nicht anders.

Mittlerweile haben sich beide Frauen daran gewöhnt, sich irgendwie damit arrangiert, dass sie das Prädikat »Schuld« auf der Stirn tragen. Es kränkt sie nicht mehr. Hilde hat sich angewöhnt, jedes Mal »Rutsch mir den Buckel runter!« zu denken, was ungemein hilfreich ist. Gerda hat dagegen eine Methode entwickelt, in solchen Momenten auf Durchzug umzustellen: zum einen Ohr rein, zum anderen raus.

Auch der tägliche Umgangston zwischen den Eheleuten ist im Laufe der letzten Jahre etwas rauer geworden. Hier wie da. Sicher, die Streitigkeiten gehen nicht mehr so elementar an die Grenzen des gemeinsamen Lebens, aber dafür gibt es auch keine romantischen Versöhnungsszenen mehr. Keine Rosen nach einer Auseinandersetzung. Kein Himmelhochjauchzen und kein Zu-Tode-Betrübt. Alles ist irgendwie eingeleiert. Es hat sich eben nach 40 Jahren Eheleben ausgeturtelt.

Zärtliche Liebesszenen werden nun durch nicht enden wollende, völlig überflüssige Diskussionen ersetzt. Bei beiden altgedienten Ehepaaren gleichermaßen. Was früher zwischen Tür und Angel entschieden wurde, wird nun zu einer Staatsaffäre hochstilisiert. Aus der kleinsten Mücke wird ein kolossaler Elefant.

»Gerda, ich denke, wir könnten doch am Sonntag schon zum Frühgottesdienst in die Kirche gehen.«

»Meinst du nicht, um 10.00 Uhr wäre es besser? Dann könnten wir vorher noch in Ruhe frühstücken.«

»Aber der Zehn-Uhr-Gottesdienst dauert doch immer so lange.«

»Hm, eine andere Möglichkeit wäre der Samstagabend.«

»Aber da gibt es so viele Leute!«

»Also vielleicht doch gleich am Sonntagmorgen in der Frühe?«

»Nein, mir ist nach reiflicher Überlegung doch der Zehn-Uhr-Gottesdienst am liebsten.«

Himmel hilf! Irgendwann wird es Gerda zu bunt. »Weißt du was? Mir ist es schnurzpiepegal. Meinetwegen gehen wir überhaupt nicht!«

»Na klar«, schießt Gerd seinen Giftpfeil ab, »es muss ja immer das gemacht werden, was *du* willst! Immer musst du kommandieren!«
»So'n Quatsch! Meine Meinung ist dir doch eh wurscht!«
»Dann lass dir die Wurst gut schmecken!«
Gerda zieht beleidigt von dannen.

Der Disput hätte eins zu eins im Hause von Heinz und Hilde stattfinden können. Nur mit dem kleinen Unterschied, dass sich Hilde nicht so leicht unterkriegen lässt. Sie setzt immer wieder nach. Bissig und keifend. Und Heinz wird immer lauter. »Zum Donnerwetter! Musst du denn immer das letzte Wort haben?!« Hilde muss. Auch wenn sie ihm jetzt nur noch ein »Ja« entgegenschleudert.

Reizt Hilde ihren Heinz bis aufs Messer, verzieht er sich in seinen Garten oder seine kleine Werkstatt und schimpft lautstark vor sich hin. Gerd setzt sich in so einem Fall vor seinen PC oder sortiert zum 5 000. Mal seine Münzsammlung und lässt sich stundenlang nicht mehr blicken. Spätestens zum nächsten Essen erscheinen aber beide wieder auf der Bildfläche. Und das wissen beide Ehefrauen ganz genau. An so etwas wie Trennung oder gar Scheidung denkt in diesem Alter ohnehin niemand mehr.

Gerda hat neulich in einer Illustrierten einen wunderschönen Witz gelesen und sofort zum Telefonhörer gegriffen. »Hilde, hör mal zu! Da fragt ein Reporter bei der Goldenen Hochzeit eine Frau, ob sie denn nie an Scheidung gedacht habe. Und weißt du, was sie geantwortet hat? ›An Scheidung nicht, aber an Mord schon!‹ Hihihi!«

Nach herzhaftem Lachen waren sich die beiden Frauen jedoch einig: »Seien wir doch froh, dass wir die Männer noch haben!«

Immerhin sind beide – Gerd wie auch Heinz – ab dem ersten Tag ihres Rentnerdaseins fast widerstandslos der Fraktion der »Das-da« beigetreten, in Bayern liebevoll »Tat's-mer-mal-Alter« genannt. »Gerd, das da müsste mal gemacht werden.« – »Heinz, tat's mir mal den Müll raustragen?« – »Gerd, das Türschloss da müsste mal geschmiert werden.« – »Heinz, tat's mir bitte Wasser aus dem Keller mitbringen?« – »Gerd, das Schnitzel da müsste geklopft werden.«

In dieser Beziehung ist Gerd der Eifrigere und Dienstbeflissenere der beiden Freunde. Er schlüpft ohne große persönliche Nöte in die Rolle eines Dienstmädchens und lässt sich von Gerda auch ab und zu herumkommandieren. Spricht ihn jemand darauf an, dass er seiner Frau stets zu Diensten sei, kontert er mit entwaffnendem Humor: »Ja, weißt du denn nicht, dass ich Gerd Max heiße?« Allerdings dauert es bei seinem Gegenüber meist sehr lange, bis der Groschen fällt. Dann allerdings hat er die Lacher auf seiner Seite. »Ach so! Gerd, mach's!« Haha!

Heinz dagegen fällt bei vielen Wünschen und Befehlen seiner Angetrauten schon mal gerne in sein früheres Stadium der Schwerhörigkeit zurück. Doch auch dafür hat Hilde mittlerweile ein wirksames Mittelchen gefunden, auf dessen Beipackzettel vermerkt ist: »Steter Tropfen höhlt den Stein.« Will sie zum Beispiel erreichen, dass er das Gartenhaus instandsetzt, dann klingt das so: Phase 1: »Das Gartenhaus müsste mal wieder repariert werden.« Wie erwartet keine Reaktion, aber doch Speicherung im Unterbewusstsein. Phase 2: »Wir müssen unbedingt das Gartenhaus reparieren.« Die Speicherung wird also verstärkt durch das »Wir«. Phase 3: »Du müsstest dringend das Gartenhaus reparieren.« Meist ist bis dahin das Unterbewusstsein von Heinz schon weich geklopft und das Ich bei ihm angekommen.

Auf der anderen Seite braucht Heinz seine Hilde vorne und hinten. Kaum ein Handgriff, zu dem er nicht die Hilfe seiner Frau benötigt. Sie muss ihm assistieren, wenn er den Rasenmäher säubert oder dem Enkel einen Eisenbahntisch zusammenzimmert; und wenn er einen Nagel in die Wand hämmert, muss sie mit Schaufel und Besen parat stehen. »Hilde, kannst du mal kommen?« – »Hilde, kannst du mal halten?« – »Hilde, kannst du mal herschauen?« Und dann muss die liebe, gute Hilde alles liegen und stehen lassen und mitten beim Füllen der Rouladen ihrem Heinz zu Hilfe eilen, als gäbe es im Moment nichts Wichtigeres auf der Welt. Aber langt sie bei ihrer Hilfestellung ungeschickt oder gar falsch hin, dann ist das Hühnchen zertreten. »Wie kann man nur so dumm sein?« zählt noch zu den mildesten Beschimpfungen, die nun auf sie herniederregnen.

Gerd ist in diesem Fall milder. Er hat mehr Geduld, wenn sich Gerda einmal tollpatschig anstellt. Überhaupt kann Gerd durchaus charmant sein. Ein Kavalier der alten Schule. Ein Mitglied der Küss-die-Hand-Fraktion. Zumindest mit Außenwirkung. Er hält schon mal seiner Gerda galant die Autotür auf und hilft ihr jedes Mal in den Mantel, wenn sie außer Haus sind.

So gesehen wäre Gerd im Falle eines vorzeitigen Ablebens von Gerda ein potenzieller Heiratskandidat. Aber leider auch der Typ Mann, der sich schon an der Friedhofsmauer nach einer anderen Frau umsieht. Wahrscheinlich nach der, die am charmantesten heult.

Heinz dagegen übersieht die meisten Höflichkeitsformen geflissentlich, und Hilde hilft ihm über so manchen peinlichen Fauxpas geschickt mit irgendwelchen lustigen Floskeln hinweg. Wenn statt Heinz ein anderer Mann kommt und ihr in den Mantel helfen will, entzieht sie sich dem mit den Worten: »Erst nach dem ersten Schlaganfall bitte!«

Auch zu Hause ist Heinz nicht immer der Eleganteste und Vornehmste. Wenn sie beide alleine sind, lässt er schon mal oben und unten lauthals Luft ab. Dann kommentiert er höchstens ungeniert: »Oh, hab nicht gewusst, dass es so laut kommt!«

Am lautesten aber ist er nachts. Er schnarcht, dass sich die Balken biegen. Hilde knufft und pufft ihn, hält ihm die Nase zu, immer und immer wieder. Ihr Gatte dreht sich um, Hilde seufzt voller Erleichterung – und schon schnarcht er wieder!

Bei Gerda und Gerd ist es genau umgekehrt. Da sägt Gerda in der Nacht. Lange hat Gerd einen verbissenen Kampf gegen das Schlafverhalten seiner Liebsten geführt, hat ihr Nasenzwicker gekauft und Nasentropfen verordnet. Doch irgendwann hat auch er aufgegeben. Jetzt stopft er sich jede Nacht Ohropax in die Ohren und lässt seiner Frau ihre verdiente, entspannte Nachtruhe.

Ansonsten spielt sich bei beiden Paaren nachts nicht mehr viel ab, was natürlich an den Stammtischabenden besonders bei den Herren der Schöpfung zu vorsichtigen Witzeleien führt. Recht weit lehnt man sich da allerdings nicht aus dem Fenster, würde man doch mit dem Verschwinden der Männlichkeit auch ein langsames Verblassen des Saft- und Kraftalters eingestehen. Wird wieder einmal endlos über ein Wehwehchen geklagt, dann wirft schon mal einer der Männer in die Runde: »Also früher haben wir uns über andere Sachen unterhalten, tolle Frauen und schöne Autos!«, worauf sein Nachbar grinst: »Ja, stimmt, da hat es doch mal was gegeben ...«

Das war es dann aber auch schon mit der gegenseitigen Offenheit. Es sei denn, einer thematisiert die Beobachtung, dass Heinz schon zum siebten Mal innerhalb einer Stunde die Toilette aufgesucht hat. »Also, das Wasserlassen wird mittlerweile zur Katastrophe. Gott sei Dank geht es allen so!« Fertig.

In dieser Generation 60+ spricht man über pikante Einzelheiten solcher Themen nicht. Man leidet lieber stumm. Punkt.

Ein großer Vorteil des Alters generell ist, dass wichtige Entscheidungen nun von anderen getroffen werden, dass man weitgehend raus ist aus der Verantwortung. Das betrifft zumindest alle beruflichen Angelegenheiten. Heinz und Gerd genießen beide diese Freiheiten, nützen sie aber auch gehörig aus. Es ist ja so bequem, wenn einem alle lästige Denkarbeit abgenommen wird, wenn einem gesagt wird, was gut ist, und wenn man nur zu fragen braucht. Und dafür haben die beiden ja ihre Ehefrauen, Gerda und Hilde.

Besonders Heinz ist für solche Bequemlichkeit sehr anfällig. Schon früh geht es los: »Hilde, was soll ich denn anziehen?«

Hilde, die schon auf diese Frage gewartet hat, reagiert augenblicklich: »Den gelben Pulli.«

Aber denkste. »Nein, der ist heute zu kalt.«

»Dann zieh halt den schwarzen Rolli an.«

»Aber der kratzt doch so.«

»Du kannst auch ein Hemd anziehen.«

»Heute? Bei dem Wetter?«

»Warum fragst du denn überhaupt?«

Es versteht sich natürlich von selbst, dass Heinz schließlich mit dem gelben Pulli aus dem Schlafzimmer erscheint.

Verreisen Heinz und Hilde, bleibt das Kofferpacken einzig und allein an Hilde hängen. Hat sie aber die grüne statt der blauen Badehose eingepackt, dann gnade ihr Gott. Dann muss sie während des gesamten Urlaubs jedes Mal, wenn er die Hose anziehen muss, Schimpf und Schande über sich ergehen lassen.

Sind Heinz und Hilde bei Gerd und Gerda zum Essen eingeladen, muss Hilde Heinz vorne und hinten bedienen. »Gib mir etwas auf den Teller«, verlangt dieser, »du weißt doch, was ich will.« So schaufelt sie ihm ergeben den Teller voll und denkt nicht selten dabei: »Jetzt fehlt nur noch, dass ich ihm das Essen vorkauen muss.« Aber egal, was sie für ihn auch anschleppt, es passt ihm zunächst nicht. »Heinz, das schmeckt dir schon!« Doch ihr Heinz beäugt kritisch zunächst

Hildes Tellerinhalt, und noch bevor sie ihre Speisen auch nur anrührt, fischt er sich von dort die leckersten Bissen heraus. Deshalb schaut Hilde auch immer, dass sie im Freundeskreis möglichst weit entfernt von ihm zum Sitzen kommt.

Als er allerdings unlängst bei einer Geburtstagsfeier etwas weiter entfernt von ihr saß, nahm er doch tatsächlich in Ermangelung einer eigenen Kuchengabel einfach die Vorlege-Fleischgabel, um das Tiramisu zu verspeisen. Hilde hätte sich am liebsten unterm Tisch verkrochen, als sie dies bemerkte.

Macht Hilde aber ihrem Heinz wegen solcher gesellschaftlicher Patzer Vorhaltungen, dann zuckt ihr Mann nur mit den Schultern. »Ist mir doch egal. Hättest du mal was gesagt.« Und dann lacht er, dass sein Bauch rauf und runter hüpft, und Hilde bleibt nichts anderes übrig, als sich schmollend in eine Ecke zu verziehen.

Hilde kocht gerne, ist ihr Angetrauter doch ein dankbarer Abnehmer. Er isst für sein Leben gern. Allerdings nicht alles. Nur das, was ihm von Kindheit an vertraut ist. »Was der Bauer nicht kennt, das frisst er nicht« lautet seine Devise. Zu kulinarischen Absonderlichkeiten jeglicher Art ist er nicht zu überreden. In diese Kategorie gehören seiner Meinung nach zum Beispiel alle Arten von Burgern genauso wie alle Sushis. In ein chinesisches, koreanisches oder gar vietnamesisches Lokal müsste man ihn mit Gewalt hineinziehen. »Erst, wenn ich mich nicht mehr wehren kann!« Da schlägt er sich den Bauch schon lieber an der Curry-Wurst-Bude voll. Obwohl es diese zu seiner Jugendzeit auf dem Dorf mit an Sicherheit grenzender Wahrscheinlichkeit noch nicht gab. Pizzas finden gerade noch Gnade vor seinen Augen, wenn auch nur zähneknirschend. Und nur, weil ihm der Italiener in der Nachbarschaft sympathisch ist.

Ansonsten muss alles sein wie früher. Alles muss eben seine Ordnung haben. Weihnachtsplätzchen müssen nach dem

Rezept der Großmutter gebacken werden, und am Weihnachtsabend muss es Gänsebraten geben. Der Tradition wegen. Da kennt er kein Pardon. Schon eine Ente statt einer Gans wäre für ihn der Bruch eines Sakrilegs.

Auch muss seiner Meinung nach alles, was auf den Tisch kommt, gegessen werden. Das war schon immer so. Und das gilt bei ihm auch heute noch und funktioniert auf wundersame Weise. Na ja, eigentlich kein Wunder, kocht Hilde doch nur das, was ihm schmeckt.

Innereien hasst er. »Alles, was der Mensch selber hat, braucht er nicht zu essen!«, philosophiert er. »Leber, Niere, Hirn – pfui Teufel!« Also steht all dieses nicht auf Hildes Küchenplan. Selbst mit den Kartoffeln hat ihr Ehemann seine liebe Not. »Die brauch ich erst, wenn sie durch den Magen des Schweins gegangen sind. Hahaha.« Damit ist sein Sprüche-Repertoire aber noch lange nicht erschöpft. Es ließe sich endlos fortsetzen, ganz an seinem persönlichen Gaumen orientiert. Jogurt ist für ihn zum Beispiel »verdorbene Milch«, »jedes Böhnchen gibt ein Tönchen«, und Weintrauben braucht man nur zu essen, »wenn sie destilliert sind«.

Doch bei allen Marotten ist den Ehefrauen von Heinz und Gerd etwas ganz Wichtiges sicher: Ihre Männer sind ihnen treu. Zumindest in der Realität. Was sie manchmal denken, steht auf einem anderen Blatt. Hilde tröstete ihre Freundin Gerda unlängst, als Gerd einer langbeinigen Blondine hinterherschaute: »Lass ihn doch! Er schaut doch gewissermaßen nur auf die Speisekarte. Solange er noch zu Hause isst ... Außerdem: Die würde ihn doch ohnehin bloß verlachen, den alten Tatterer!« Und dann seufzte sie abgrundtief: »Ja, ja – es war einmal!«

## Zu guter Letzt

Liebe Gisela, Marianne, Erika, Hella, Monika, Karin, Inge, Hannelore, Margot, Elfriede, Christa und wie ihr alle heißen mögt,

hat eine von euch auch so ein Exemplar wie Gerd oder Heinz zu Hause sitzen? Etwa gar in Reinform? Dann wisst ihr, was ihr den lieben langen Tag leistet! Aber reine Prototypen verrenteter Mannsbilder der Generation 60+ vom Schlag Gerd oder Heinz sind Gott sei Dank selten. Meistens erleben wir Mischformen, und der Variationen gibt es unendliche. Und das ist gut so, denn es macht das Leben spannend.

Und, liebe Frauen, seid doch mal ehrlich: Ohne einige solcher nervigen Marotten wären eure Angetrauten doch viel langweiliger, uninteressanter und überhaupt nicht begehrenswert, oder? Worüber könnten wir dann noch lachen, uns aufregen, amüsieren oder grämen? Wo wäre das Salz in der Beziehung?

Die Jahre kommen und gehen, die Zeiten ändern sich auch, und wir ändern uns unbewusst mit. Binsenweisheit. Aber: Der Typ Großvater, der im Lehnstuhl sitzt, Bonbons verteilt und Märchen erzählt, ist längst ausgestorben. Den Rentner oder Pensionär von früher, wie wir ihn aus Jugendtagen zu kennen glauben, gibt es nicht mehr. Und außerdem: Erinnerung vergoldet ... Und die heutigen Frauen im Rentenalter laufen ja auch nicht mehr wie vor einem halben Jahrhundert schwarz gewandet mit massiven Hüften, Hängebusen, Knoten im Haar und Trauermiene durch Jahr und Tag. Auch das ist gut so.

Und vielleicht sollten wir ab und zu auch einmal in uns gehen und uns um einige Jahrzehnte zurückbeamen. Wie oft hat sich die eine oder andere von euch gewünscht, ihr Ehemann möchte doch bitte mehr im Haushalt helfen, mit zum

Einkaufen gehen oder das Auto wöchentlich putzen? Jetzt tun sie es. Und nun? Eine alte Weisheit sagt: »Hüte dich vor deinen Wünschen, sie könnten wahr werden!«

Sollten Sie nun zu den Glücklichen gehören, deren Mann noch nicht in Rente ist, aber dessen Ruhestand unmittelbar bevorsteht, und sollten Sie die vorhergehenden Kapitel zwar mit Amüsement, aber total ungläubig gelesen haben, so lassen Sie sich gesagt sein: Machen Sie sich keine Illusionen. All dies waren keine Märchen oder kühne Prophezeiungen, all dies ist auf unerklärliche und unergründliche Weise irgendwie wahr. Denn alle Geschichten sind aus dem großartigen Schatz des Lebens gegriffen. Und seien Sie glücklich und über alle Maßen zufrieden, wenn sie kein solches Exemplar wie Gerd oder Heinz in Reinform erwischt haben, sondern eine liebenswürdige Mischung aus beiden, quasi einen »Gerhei«.

Lieber Hans, Fritz, Günter, Jochen, Karl, Klaus, Christian und wie ihr alle heißen mögt,

seid ihr euch beim Lesen manchmal vorgekommen, als würdet ihr in den Spiegel schauen? Habt ihr euch gar in Heinz oder Gerd wiedererkannt? Wenn ja, dann ist das gar nicht schlimm. Seid versichert, dass euch alle Giselas, Erikas, Hannelores und so weiter trotz aller eurer Macken in ihrem Innersten sehr gern mögen und euch um alles in der Welt nicht hergeben wollen. Im Übrigen dürft ihr getrost glauben, dass die Frauen genau wissen, dass auch sie euch manchmal in demselben Maße bis zur Weißglut nerven. Aber das gehört ebenso zum Salz in der Suppe des Lebens. Und das ist gut so.

Vielleicht sollte das nächste Buch ja heißen: »Hilfe, ich bin Rentner – und daheim bei meiner Frau!«

*Karin Küspert*

# Weitere interessante Bücher aus dem Verlag Hartmut Becker

Annette Hendl. **Der Schatten, der nicht weichen wollte.** Wie sexueller Missbrauch unsere Familie bestimmte, bis uns endlich die Befreiung gelang. 240 S., ISBN 978-3-929480-56-6.

Michael Lutz. **Spaß am Leben.** 24 Wege zum Glück. 216 S., ISBN 978-3-929480-58-0.

Annette Hendl. **Leben mit Sauerstoff-Langzeittherapie.** Erfahrungen, Infos und Tipps. 100 S., ISBN 978-3-929480-61-0.

Christian Hänisch. **Lebensabend und Lebensende.** Nachdenkliche Betrachtungen. 128 S., 4 Bilder, ISBN 978-3-929480-47-4.

Werner Eitle. **Memoiren eines Chamäleons.** Vom Geschäftsmann zum Umweltschützer und Visionär einer besseren Welt. 500 S., ISBN 978-3-929480-59-7.

Petra Scho. **Herausforderung Autismus.** Authentische Einblicke in die »andere Welt«. 2. Auflage. 136 S., ISBN 978-3-929480-36-8.

Dietmar Klenner. **Gaza-Samira und der Oberst.** Roman. 154 S., ISBN 978-3-929480-62-7.

Hugo Pauli. **Wie wär's mit einer Psychotherapie?** Erfahrungen und Ratschläge eines Therapeuten. 200 S., ISBN 978-3-929480-52-8.

Regina Hock. **Brücken zum Gegenüber.** Von der Kraft der Mitmenschlichkeit. 216 S., ISBN 978-3-929480-46-7.

Hartmut Becker. **So finde ich die richtige Frau und erobere ihr Herz.** Tipps für Männer. 240 S., 13 Abbildungen und Internet-Verlinkung, ISBN 978-3-929480-42-9.

Hartmut Becker. **So finde ich den richtigen Mann und erobere sein Herz.** Tipps für Frauen. 240 S., 13 Abbildungen und Internet-Verlinkung, ISBN 978-3-929480-44-3.

Kai Kühn. **Die graue Kommune.** Eine Alternative zum Leben im Altenheim. 240 S., ISBN 978-3-929480-06-1.

Anne Rabenecker. **Aus dem Funken ein Feuer.** Scheidung als Herausforderung und Chance. Eine wahre Geschichte. 312 S., ISBN 978-3-929480-63-4.

Theobald Robert Jäger. **Vom Sterben zurück.** Leben ohne Erinnerung – Erfahrungen eines Koma-Patienten. 5. Auflage. 160 S., ISBN 978-3-929480-38-2.

Margerite Sommerland. **Die Blumenfee.** Ein Märchen über die Kraft der Liebe. 242 S., Großformat, 30 Farbbilder, gebundene Ausgabe, ISBN 978-3-929480-37-5.

Martien Jilesen. **Was sage ich mir durch meine Träume?** Theorie und Praxis der Traumarbeit für Einzelne und Gruppen. 264 S., 4 Tabellen, ISBN 978-3-929480-29-0.

Leporinus. **Wenn es Herbst wird im Leben.** Nachdenkliche Gedichte. 56 S., ISBN 978-3-929480-28-3.

Leporinus. **Struwwelpeters Nachkommen.** Bedenkliche Geschichten und drollige Bilder, frei nach Dr. Heinrich Hoffmanns »Der Struwwelpeter«. 56 S., 28 Farbbilder von Serge und Dr. Heinrich Hoffmann, ISBN 978-3-929480-19-1.

Horst A. Schenk. **Meine zwei ersten Leben.** Eine authentische Schilderung zu Armut, Flucht, Vertreibung und Neuanfang im Nachkriegs-Deutschland. 120 S., 22 Fotos, ISBN 978-3-929480-57-3.

Eugen Füner. **Ist die Schule noch zu retten?** Ideen und Vorschläge für ein ganz anderes Bildungskonzept. 288 S., 7 Abbildungen und 5 Tabellen, ISBN 978-3-929480-08-5.

Michaele Linder. **Die Lieblingsfrau.** Roman. 160 S., ISBN 978-3-929480-04-7.

André Magnin. **Funken des Lichtes.** Von der Kraft des Geistigen und der Liebe des Herzens. 112 S., ISBN 978-3-929480-55-9.

André Magnin. **Vier Schlüssel und ein Pass.** Glück und Erfüllung durch inneren Reichtum. 60 S., ISBN 978-3-929480-54-2.

Désirée Burger. **Ein Brief an alle Träumer.** Wie unsere Träume und Visionen wahr werden können. 88 S., ISBN 978-3-929480-14-6.

Dr. med. Christoph Hilsberg. **Liebe und Sex für Teenies.** Praktischer Ratgeber für Jugendliche, junge Erwachsene und Eltern. 318 S., ISBN 978-3-929480-16-0.

Manuela Lowak. **Pechmarie wird Goldmarie!** Eine Deutungsgeschichte und Märchentherapie zum Märchen »Die sechs Schwäne«. 296 S., ISBN 978-3-929480-13-9.

Mareike Lenz. **Das Leben ist das, was wir daraus machen.** Wie Denken, Fühlen und Handeln unser Glück bestimmen. 104 S., ISBN 978-3-929480-15-3.

Tina Keller. **Schokolade und andere Höhepunkte.** Roman. 224 S., ISBN 978-3-929480-01-6.

Vicky von Vesta. **Männercocktail.** Eine Single-Frau streift durch ihre Jagdreviere. Roman. 304 S., ISBN 978-3-929480-02-3.

Michael Merk. **Hilfe, mein Kind wird gemobbt!** Anfeindungen erkennen. Helfen – schützen – stärken. 256 S., 4 Abbildungen, ISBN 978-3-929480-05-4.

Dagmara Rabe. **Wenn ich sterbe, sollst du leben.** Eine Geschichte von Abschied und Aufbruch. 136 S., ISBN 978-3-929480-10-8.

Christine Wintermeier. **An der Grenze zur Einmaligkeit.** Eine Mutter erzählt von ihrem Sohn mit Asperger-Autismus. 2. Auflage, 108 S., ISBN 978-3-929480-48-1.

Viktoria Engel. **Der Ehehölle entronnen!** Vom Scherbenhaufen zu Aufbruch und Neubeginn. 272 S., ISBN 978-3-929480-24-5.

Hartmut Rißmann. **Jesus.** Wo die Bibel schweigt oder sich in Mythen hüllt. 282 S., 4 Landkarten, ISBN 978-3-929480-51-1.

Volker Blum. **Erfahrungen mit Tod und Sterben.** Vier wahre Geschichten. 108 S., ISBN 978-3-929480-31-3.

Christine Heeg. **Mein Mann, der Alkoholiker.** Eine wahre Geschichte. 2. Auflage. 160 S., ISBN 978-3-929480-21-4.

Christine Heeg. **Die rote Unterhose.** Erfahrungen mit Kontaktanzeigen. 2. Auflage, 168 S., ISBN 978-3-929480-22-1.

Dr. Vera Biber. **Hilfe, mein Kind ist unerziehbar!** Leben mit einem hyperaktiven Kind. Erfahrungen und Ratschläge. 190 S., ISBN 978-3-929480-33-7.

Dr. med. vet. Vera Biber. **Hilfe, mein Hund ist unerziehbar!** Verhaltensänderung durch Futterumstellung – Erfahrungen und Ratschläge. 8. Auflage. 164 S., mit Tabellen und Futterplänen, ISBN 978-3-929480-34-4.

Henk de Lamper. **Lebenshilfen für fröhliche Atheisten.** 108 S., ISBN 978-3-929480-50-4.

Wilfried Schäfer. **Die Chance der Selbstentdeckung.** Vom Selbstbetrug zur Selbstverwirklichung. Ein Abenteuer in 66 Lebensbereichen. 324 S., 37 Abbildungen, ISBN 978-3-929480-12-2.

Dr. med. Helmut Brammer. **Die Rückkehr der Verantwortung.** Alkoholismustherapie in 3 Wochen. 2. Auflage, 108 S., ISBN 978-3-929480-32-0.

Dr. Christian Mehrkühler. **Was ist Alkoholismus?** Informationen für Betroffene, Angehörige und Therapeuten. 96 S., mit Abbildungen und Tabellen, ISBN 978-3-929480-35-1.

Hartmut Becker. **Aktion Nichtraucher!** Wege zur Suchtüberwindung. Originalausgabe, 264 S., zahlreiche Abbildungen vom Autor und von Charles M. Schulz, ISBN 978-3-929480-20-7.

Dr.-Ing. Wolfgang Volkrodt. **Schwellen der Zivilisation.** Ein Märchenbuch für Erwachsene und solche, die es werden wollen. 336 S., 21 Farbbilder und 4 SW-Bilder, gemalt vom Autor, ISBN 978-3-929480-30-6.

Suzanne Buis. **Keine Zeit für Freundlichkeit.** Hinter der Fassade eines Alten- und Pflegeheims. 154 S., ISBN 978-3-929480-11-5.

Über Einzelheiten zu diesen Titeln und über weitere interessante Bücher aus dem Verlag Hartmut Becker können Sie sich auf der folgenden Internetseite informieren:

www.verlag-hartmut-becker.de

»**Hilfe, mein Mann ist Rentner!**« ist ein humorvoll und brillant geschriebenes Buch über den Ruhestand, das große Finale des Lebens. Anhand anschaulicher Szenen aus dem Alltag zweier befreundeter Paare erleben wir, welche Erfahrungen – einschließlich Spaß und Streit und mancher Kuriositäten – die Beteiligten so machen.

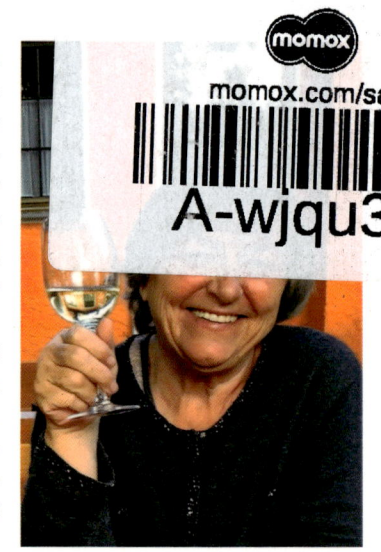

Jahrelang hatte Gerda ihren Haushalt voll im Griff – bis ihr Mann in Pension ging. Und plötzlich war alles anders. Als sie nach ein paar Stunden Abwesenheit nach Hause zurückkehrte, war die ganze Küche umorganisiert. Kein Topf und kein Teller stand mehr, wo er war. »Haushaltsoptimierung« nannte ihr Mann Gerd das. »Sieh mal, jetzt steht doch alles so, dass du die am häufigsten benutzten Dinge am schnellsten erreichen kannst.« Doch Gerda war keineswegs begeistert, dass nun wichtige Utensilien ganz oben im Hängeschrank standen. Gerds Kommentar: »Ich hab doch nicht daran gedacht, dass du so klein bist!«

Auch Heinz lässt die neu gewonnene Zeit nicht ungenutzt, zum Beispiel, wenn er die Wohnung ausmistet und dabei schon mal wichtige Dokumente gleich mit entsorgt oder wenn er zur Entlastung seiner Frau Hilde neuerdings eigenständig die Waschmaschine bedient und dabei versehentlich die weiße Unterwäsche rosa färbt.

Natürlich erfahren wir auch, wie es die beiden Paare mit Urlaub, Sport oder den »neuen Medien« wie Smartphone und Computer halten und was die beiden Ehefrauen wirklich über ihre Männer denken ... Ein köstliches Lese-Abenteuer voller Wahrheiten!

**Karin Küspert,** Jahrgang 1949, studierte Germanistik und Geschichte, war als Seminarrektorin in der Lehrerausbildung sowie an den Universitäten Bamberg und Bayreuth als Prüferin für neuere Literatur tätig und hat insgesamt elf Bücher geschrieben.

ISBN: 978-3-929480-64-1